河出文庫

ウー、うまい！

高峰秀子

河出書房新社

ウー、うまい！◉目次

＊世界食べある記

ウー、うまい！

*さて、何から食べようか

食

私は食いしん坊だから、うまいものさえ食べていればキゲンがいい。仕事柄《がら》、外食が多いから、家で食事をすることはめったにないが、食器だけは自分の好みのものを使って食事を楽しみたいと思っている。といっても、料理屋ではないから、やたらと食器を集めるわけにはいかないので、せめて「器」の使い方を自由に考えることで変化をつけたいと、あれこれ、ない知恵をしぼっている。

たとえば、灰皿を灰皿と決めてしまわずに他の用途を考えてみる。わが家では古い盃洗がおしぼり入れになったり、抹茶茶碗がおこうこ碗になったり、ドンブリが花器に化けたり花器がサラダボールになったりと忙しい。食器は昔から集まったガラクタがいいかげんあるのに、それでも道具屋をのぞくと、つい皿一枚、ハチひとつと買いこんでしまい、台所の戸ダナの整理がつかなくて困っている。こんなに食器がふえるのは、このごろの食べものがまずくなったからではないか、と私は考えだした。まずい料理をおおげさな食器でゴマ化すのは料理屋だけのすることではない。酒も醬油もカマボコもベトベトにあまくなり、ほとんどの食品は防腐剤入りで味が悪い。野菜やクダモノも、見かけはリッパでも風味にとぼしく、豆腐はカルキ入りの水のおかげで味気ない。

もともと、東京には料理というほどの料理もなく、地方の人間が集まってきてつくり出した田舎料理しかない。いまでも、田舎へ行くと、塩づけのおこうこに白砂糖がヤマほどかかってお茶うけに出たりする。やたらと甘ければご馳走、という貧しい感覚のそれである。だから、料理を楽しむほうは、いつのまにかジワジワと東京に進出してきた関西料理にのっとられた感じである。

それにしても、日本国にいながら肝心の日本料理は目の玉がひっくりかえるように高価で、日本人でありながら、オチオチ寿司もつまめないとは不幸なことである。

その国の文化を知るには、その国の食べものを食べてみることがいちばんだというけれど、ティピカル・ジャパニーズ・ディッシュが、お茶づけやおでんくらいに代表されるとは情けないことになった。東京にはさすがに世界じゅうの料理が集まり、せまい路地まで食べもの屋がビッシリとひしめきあい、でっぱったりつぶれたりしながら、私たちの食欲をそそっている。日本人でありながら日本料理らしい料理には、サイフの中身の点で折りあいがつかず、天丼やヤキトリくらいでお茶をにごして、しかたなく他の国の食べものでおなかをふくらませているとは妙なことである。

「片手でラーメンをすすりながら仕事に精を出す。」なんと日本人は勤勉であることよ。と外国人は感心するが、私は、たいていの日本人が味に無頓着なせい、つまり舌がこえていないからではないかと思う。うまいと評判される食堂には、いかにも食いしん坊らしい顔をしたお客がいるもので、いいかげんな食堂には、ちゃんと味覚オンチ然としたお客が座っているものである。

私は商売柄、よく人を食事に招くが、たいていの人はメニューを渡されても見ようともせず「なんでもけっこうです」「ボクも同じでいいです」と、たよりない声を出す。遠慮をするというよりテンデ食べものに興味も情熱もない人間が、この世にはおおぜいいるのである。どうせ社の費用で食事することになれているから、高い安いの区別もつかず「ボクもメロンでいいや」なんて無造作にいうけれど、さてテーブルに出てきてもスプーンもつけない、では、ご馳走するほうは、まったく拍子ぬけがしてしまう。

私の観察によれば「なんでもどうでもいい」人は仕事のほうもどうでもいいらしく、すべてのことに情熱が薄いらしい。私は「食通」なんてことばはキライだし、信用もしていないが、もっと誰もが食いしん坊になって、うまい、まずい、をハッキリというようになってくれたら、そこらに売っているチクワ一本、干物一枚でも、いまよりはおいしくなってゆくのではないかと思う。うまい食べものを作るのはコックでも板前でもなく、それを食べる私たちの舌である。

（『瓶の中』一九七二年）

食いしん坊夫婦ろん

＊さて、何から食べようか

私たち夫婦はまるで性格が違う。夫は誠実で親切で、仕事好きだが、妻は要領つかいでチャランポランで怠けものである。いま流行の性格の相違とやらの見本のようなもので、そんな夫婦がなぜ離婚もせずにいるのかといえば、理由は簡単、ただ一つ、「二人とも食いしん坊」だからである。

オソマツな理由だが、夫婦なんて、苦しまぎれに何らかの妥協をみつけるために生きているみたいなものだから「食いしん坊」もまた立派な理由なのである。しかし、お互いに違うおなかから生まれ、違う環境に育ったのだから、結婚当時はなにかととまどうこともあった。新婚の夫は開口一番こう言ったのである。

「僕はですね、夫として妻のあなたに一つだけ頼みがある。それは一生タクアンを食ってくれるなということなんだ」

私「えッ？　あんたはそんなにタクアンがキライなの？」

夫「キライ！　クサイ！　あんなものを美人が食うなんてキモチが悪い」

私は、美人という殺し文句に、釣針にアゴをひっかけられた魚のごとくデレンとなり、一生、大好きなタクアンと訣別しようと決心した。

夫はひどい偏食であり、嫌いなものより好きなものだけ聞く方が早いほど、あれもイヤ、これもキモチ悪いのだそうで、夫に言わせると、こうなったのはすべて「僕、おばあちゃん子だったから」だそうで、なんでもおばあちゃんのせいにするのである。ダイコンはオロシはいいけど煮たのはクサイ。コンニャクはイヤ。サトイモはヌルッとしてる。おこうこは一切ダメで、カボチャは死んでも食わない。大体カレーライスに福神漬がついてるなんて、どこのバカが考えたんだ、などと真剣な顔をして怒るのである。「なんてまあ、わがままな」と言えば「だっておばあちゃんが」と居直るのである。

こっちもなんとか居直ってやりたいが、私は貧乏性のせいか、キライなものが一つもない。が、私は私の好みの味を持っているから、彼の好みのものを私風の味つけで、しゃにむに食膳に載せるより仕方がない。

彼は日一日と本性を現わしはじめ、味噌汁が甘いの、さしみの鮮度がどうの、と文句を言いはじめ、どうしてもおふくろの味のカレーライスを作れと言う。やっと出来た粉だくさんの赤ん坊のウンチみたいなカレーに、彼は唇をとがらせて白眼をムイた。

結婚後、半年もたったある日、「今日はおふくろの料理を食ってくる」と、いそいそと出て行ったと思ったら、首をかしげかしげ帰って来た。久し振りのおふくろの味が期待に反した、というより、彼はもはや女房の味に馴れてしまったのだろうか。なんとなく呆然としている彼を、私は哀れに思い、そのくせ女房としては一点勝ったような気もした。

しかし、汽車弁に奈良漬の一切れも入っていようものなら、箱ごと放り投げるような癇性な夫を飼育するのは並大抵なことではない。私たちがみるみる食いしん坊となり、食魔と化したのは、食う方と食わせる方の闘いが、こうじたせいだろう。私のおでこのシワの五、六本はたしかにこの闘いによって生じたもの、と私は信じている。

私の知人にこんな夫婦がいた。女房はトーストにスープ、夫は味噌汁にご飯、毎朝、両方がガンコにそれを押し通し続けたことがもとで、とうとう離婚してしまったのである。食いもののウラミはこわいというが、夫婦喧嘩の理由なんて、ささいなことから始まるもので、たかが食いもののこと、などとあなどっては断然いけないのである。台所の主人は主婦である。家の食事が不満なら夫は外食するのが当然で、わざわざ帰ってこないようにする女房の方が怠慢なのだ、と私は思う。

近頃はバーやキャバレーで、オカラやコンニャクの煮つけが幅をきかす妙なご時勢である。なぜこんな珍現象が起きるのか？　家庭の女房がややこしいフランス料理のソースの研究にうつつをぬかしている間に、外敵は先手を打って、夫の郷愁につけこむことを考えているのだろう。

主婦たるものはおおいに反省しなければならない。せんべいなどかじりながらテレビを見ているヒマなんか、あるはずないのである。しかし、こうなったのはそもそも日本がヘンに豊かになったからで、雑誌やテレビなどがやたらと料理の作り方などを宣伝し、色ばっかりションガイナみたいなインスタント食品が氾濫したせいで、それをまた人の好い主婦たちが、わざわざ追いかけるから、混乱は混乱を呼んで家庭騒動にまで発展するのである。

私のような人の悪い人間は、疑うことはするが、信用はしないから、失敗もない代わりに進歩もしない。どちらがよいか知らないが、誰だってうまいものを食べたいからウロウロするので、人間なんてずいぶん他愛のないアサハカなものだと思う。

つまり私たち夫婦は、さしずめアサハカさのサンプルということになるだろうか。

食魔と化して同士討ち寸前の私たちは、まつたけを追って京都へ飛び、中国のカニを求めてホンコンへ飛ぶ、と、とどまるところを知らない。うまいものを得るにはそれ相当のおアシもいるので、夫はせっせせっせとみっともないほど働いては食って、食って食いまくり、妻は妻で、腰のまわりに根強くしがみついた脂肪をもてあましながら、今日もまた八百屋や魚屋の店頭をうろついて、内助の功に忙しい。（同前、一九七二年）

＊さて、何から食べようか

ウー、うまい

「おたく、味噌汁、つくる？」

「つくるわよ、一日に一度は」

「おたく、味噌汁、つくる？」

「もちろん。うちの主人の朝食は、味噌汁、トースト、ハムエッグ」

「おたく、味噌汁、つくる？」

「あたりまえよ、日本人ですもの。あなただってつくるでしょ？」

　こうして聞いてみると、ほとんどの家庭でいまだに日本食の定番である味噌汁をつくっているらしい。いまだにというのはヘンだけれど、世界有数の金持国となった日本には、世界中から種々の食材が輸入されてマーケットに溢れひしめいているにもかかわらず、味噌汁だけは日本人の嗜好にしっかりと根をおろしたまま頑張っているところがスゴイ。

日本国へ来ると、味噌と醬油の匂いがする、と西欧の人々は言うが、味噌と醬油はそれほど強烈な個性を持っているのだろう。

世間の奥さんがたは、あけてもくれても夫や子供たちのためにせっせと味噌汁づくりに励んでいるらしいけれど、私は味噌汁をつくらない。わが家には「味噌」という食材が存在しないのだ。したがって、味噌汁をはじめ、味噌煮、どて鍋、味噌でんがく、味噌ぞうすいからモロきゅう、味噌漬など、味噌を使う料理とは全く無縁である。

それでも、私が女優だったころは三人のお手伝いさんと運転手サンがいたから、食事どきにはいつも美味《おい》しそうな味噌汁の匂いがただよっていた。私が、ものほしげにチラと台所を覗くと、ときおり彼女らのおこぼれが食卓に現れることがあったけれど、この十数年来、老夫婦の二人暮しになってからはその楽しみもふっつりと無くなった。

私は、美味《うま》い味噌汁と漬けものさえあれば、他のオカズはいらない、というほどこの二品を愛しているけれど、わが家の夫・ドッコイはこの二品を徹底的に嫌悪、排斥し、味噌の煮える芳香を「クサイ！」という一言で切り捨て、漬けもののすべてを「ドブ！」ときめつける。人間だもの、スキ、キライに理屈はない。スキなものはスキ、キライなものはキライなんだ、という気持ちは私にも分らなくはないから、夫がそれほどイヤがるものを家に置かなくても、味噌汁や漬けものが恋しくなったら私一人で外食をするときにたっぷりと食い溜めをすればそれでよろしく、一件落着である。

以前、夫が作った映画の主役をつとめたこともある俳優サンは、お歳暮の季節になると必ず京都の漬けものを送り届けてくれる。樽をあければ、漬けもの特有の匂いがするのは当然のことでふしぎはない。はじめの内、夫はジロリと一瞥しただけでサッサと書斎に退散したが、次には大げさに鼻をつまむようになり、ついには「漬けものは送ってくれるなと礼状（?）を出したのに、また来たか、あのバカ!」と叫ぶようになった。美味しいものを送ってバカと言われてはたまったものではない。以来、その俳優サンの呼び名は「あのバカ」に定着してしまった。味噌、漬けもの以外にも、独断と偏見に満ちた夫の偏食度はすさまじく、食事の献立にゆきづまった私がブーたれると、テキはただちに、

「ボクはおばあちゃん子だったから」

という一言で切り返してくる。

幼児のころ虚弱だった彼は、当時千葉県に住んでいた祖母にあずけられ、わがまま放題甘え放題で育ったらしい。

「あれはイヤ」

「そうかい、ハイハイ」

「これはキライ」

「そうかい、ハイハイ」

と、おばあちゃんが甘やかしたばっかりに「自分は無類の偏食者になり、ついでに頭デッカチの頑固ジジイになり果てたのだ」と、夫はいまでも信じているらしい。

「子供を甘やかす」という親のありかた、祖母のありかたには大きな教育が含まれている、と私はおもう。例えばしつけにしても、頭ごなしに叱ってばかりいては幼児はおびえて萎縮してしまう。甘えさせ、安心させながら、するべきしつけだけは怠らない、というのが日本の伝統的な家族の姿だった筈である。しかし、現在は家庭の事情が大きく変化し、ほとんどの家族は分裂し、一人っ子が多い。夫婦共稼ぎでは充分に甘えさせたりしつけをする余裕もない。人間としての基礎的なルールも知らず、孤独と絶望におちこんだ子供は野放しにされた犬の仔や猫のようにさまよい、果ては情緒障害をおこして人に噛みついたりする。哀れな子供たちである。

わが家の夫が九歳になったとき、おばあちゃんが亡くなった。横浜の実家に戻された夫はいきなり五人の兄妹の中に放りこまれ、兄妹のいじめにあい、偏食をしては皿や小鉢を取りあげられて叱られた。そんなとき、甘ったれの夫はただ母親の姿を追い、袖にすがって息をひそめていた、という。が、夫はまたこうも言う。

「喧嘩をしても叱られても、父母や兄妹と一緒にいるということは、子供に絶対的な安心感を与えるものなんだよ」

と。

私は四歳で親や兄弟と離れて、養女にもらわれたから、兄弟間の愛というものを知らないし、家族の団欒の経験もなく、父母のしつけも受けていない。五歳で映画界に入ったが撮影所にいるのは明治生まれのおじさんやおばさんのみで、家族といえば、小学校へいったこともなく、辛うじて自分の名前が書けるだけ、という養母がいるだけだった。

それでも養母は、子供の私に幾つかのことを教えてくれた。ごはんを食べるときには、「いただきます」。お箸を置くときは「ごちそうさま」と言うこと。当時は貧乏だったからロクな食材も買えなかったが、養母はとぼしい材料をチマチマと工夫してオカズを作った。心をこめて、美味しく作れば私が食べるだろう、と養母は信じていたのだろう。味噌汁の具が、大根と油あげ、里芋と長ネギ、わかめと豆腐、というようにいつも二種類だったのも、いま思えば、私が偏食をしないようにとの心づかいだったのかもしれない。こういうことは文化でもなんでもなく、誰もが身体で知っている日常の生活だった。六畳間こっきりのアパート暮しで流し場は一メートル四方もなく、ガス台はひとつという小さな台所だったから、使うそばから片づけていかなければならない。養母はきれい好き、というより癇性《かんしょう》に近い人だったから、台所はいつもきちんと清潔に片づいていた。

養母のきれい好きは、そのままそっくり養女の私に受けつがれて、現在も私はマナ板を消毒し、ガス台を磨きあげ、「いいかげんにせい!」と夫に怒鳴られながらも、阿修羅のごとく家中を駆けまわって、日々、掃除に忙しい。それでも不潔よりは清潔のほうが私にとっては大切なのだからしかたがない。そして、食べもののスキ、キライが全く無い、ということも、養母が私に残してくれた大きな財産だと思っている。とくに、子役から女優へと成長してからは、そのありがたみが身にしみた。

映画やTVで活躍している「女優」のイメージというと、ええカッコをしてジャグジーなどのある豪邸に住み、さぞ美味しいものばかり食べているのだろう、と、世間のみなさんはお思いだろうが、聞くと見るとは大ちがい、撮影中の食事はエサを通りこして、再びつっ走るための燃料補給に近い味気なさである。

一時間の食事時間中には、衣裳の着替えや手入れ、化粧なおし、その間にインタビュー取材なども割りこんでくるから、食事のための時間などはほとんど無い。メークアップ用の鏡台の前に坐ったまま一番手っとりばやいラーメン、ソバのたぐいをあたふたとすりこむということになる。ロケーション撮影の現場での昼食は、ハンコで押したごとく駅弁かスーパーマーケットで調達されたお弁当。徹夜仕事には握り飯か、のり巻き、菓子パンのたぐいが支給され、手すきの時間に勝手に食せ、という案配になっている。一見、華やかでもしょせんは肉体労働者だからよほど頑健な身体の持ち主でなければつとまらず、支給される兵糧にしてもスキだのキライだのとぜいたくを言っていては身が持たない。したがって、売れっ子の女優ほど忙しく、食べるヒマがないから四六時中おなかを空かせて慢性欲求不満という病気にかかっているということである。女優時代、ロクなものも食べられなかった私は、あわよくばどこかの大金持ちの男性と結婚して、食前食後にも山海の珍味とやらを食い狂い、百貫デブになってやろう、と、ひそかに企んでいた。が、私の結婚相手となった貧乏書生の、「ボクの最高の御馳走は五目ラーメンです。高いから月給日にしか食べられないけど」という一言で見事にズッこけ、百貫デブへの夢はあえなく消え去った。

そんな私たち夫婦が、いつの間にかいっぱしに美味いの不味《まず》いのとゴタクを並べられるようになったのは、生前親しくしていただいた二大グルメ、梅原龍三郎画伯と谷崎潤一郎先生のおかげである。

鯛のおつくり、ぼたん鱧《はも》、と、日本料理びいきの谷崎先生は、「中国料理ってのは、どうもゴミ溜めみたいですなァ」と仰言《おつしや》り、キャビア、フォアグラには目がなく、フカのヒレの煮込みをこよなく愛した梅原画伯は、「日本料理は、ひたすら風を喰っているようなものだな」と仰言って、頑として御自分の嗜好を押し通されたが、両先生の間をピンポン玉のように往復して御馳走になっていた私たちは、超一流のゴミ溜めも風も充分に堪能させていただいてシアワセだった。

前にも書いたように、私にはスキ、キライがないから何でもありがたくいただく、が、実をいえば、その何でものどこかに少々注文がつく。魚なら砂ずりと呼ばれるおなかの部分。牛なら絶対に舌か尻尾。とりなら皮かキモ。豚なら豚足。羊なら骨つきシャンク。と、あまりお上品とはいえない好みで、せっかくの梅原、谷崎、両先生の優雅にして高度な食味教育の、かげも形も残っていない。夫は、

「なんでも食うという人は味覚音痴なんだ。偏食にはそれなりの個性的な文化がある。育ってきた歴史があるんだ」

と胸を張るが、それなら私は穴居人間の味覚から一歩も進歩していない、ということで、なんとなく釈然としない気持ちである。

映画やステージの脚本書きをなりわいとする夫は、所用で外出をする以外は日がな一日ヤモリのごとく書斎の机にへばりついている。

起床は午前九時前後。朝食は、食卓いっぱいに新聞を広げながら、たっぷりのカフエオレとヨーグルト、リンゴ半分。ランチタイムは十一時半から十二時の間である。

「食べすぎると頭がボケて仕事にならない」という夫は重いものを摂《と》らず、もっぱら、うどん、茶ソバ、スパゲティ、ホットチーズサンドイッチ、雑炊などをくりかえして

いる内に一年が経つ、という寸法になっている。メニューがワンパターンなので、例えば雑炊一椀にしてもその都度目先を変えなければアキてしまうから、数種類がところは頭の中にインプットしてある。が雑炊は中に入れる具をどう変えてみてもしょせんは雑炊、やはりベースになる出汁《だし》のうまみが決めてとなる。

日本食の場合、だしさえしっかりしていれば何とか格好がつくから、とにかく上等の昆布とカツオブシをケチらず、濃いめにとった八方だしを冷蔵庫に常備してある。出汁の製作にかかるとき、鍋を火にかけたらまず日本酒（辛口）をダボダボと入れて煮切るのがわが家流といえばいえるかもしれない。だしを引いたら調味料をいっさい加えないほうが、煮もの、おひたし、うどんのつゆなどに使いまわしがきいて便利。雑炊の場合にもこの八方だしを適当に薄め、塩や醬油を加えるだけで、まあまあの味になる。

私が作る雑炊の中で、たとえば「もずく雑炊」は、細くて上質のもずくをハサミで一センチほどの長さに切り、ザルに入れて流水でヌメリを洗いながしてから水を切っておく。鍋のだしが沸いたら冷やごはんを入れ、塩少々で味をつけたところへもずくを加えてサラリとかきまぜて出来上がり。生ナメコを加えるとしゃれた感じになる。出来たてアツアツを椀に盛ったら、みつばかセリのみじんをたっぷりと散らせば、ちょいと小料理屋の感じで悪くない。

次は牡蠣《かき》雑炊の御紹介。

二人前として、生牡蠣四、五個ほどを熱湯で茹で、水を切った牡蠣をこまかく刻む。これは私の好みで、雑炊に牡蠣がベロリと入っているのは見た目も悪いし、生臭いからである。だしが煮立ったら、塩か醤油を好みでチラリ。冷やごはんを入れてフツフツいってきたら牡蠣を加え、ひと煮たちして出来上がり。牡蠣の匂いが足りなければ、さっきの茹で汁を加えてもいい。椀に盛った雑炊の上から、刻んだアサツキ、貝割れ大根などをたっぷりと散らすのをお忘れなく。海の好きな夫・ドッコイは「この味は海浜の散歩だ」などとしゃれたことを言いながら雑炊をすすったあと、ゴロリとソファにころがって雑誌をめくる。岩礁のトド御満腹といった風景である。

これらの雑炊は、「お茶漬けはキライ!」という偏食夫のためのメニューであって、ランチはゆっくり、たっぷり、しっかりと楽しみたい私にとっては全くお呼びではない。そこで、ときたま夫・ドッコイが外出をしたり旅行中のときは「待っていました、私のランチタイム!」とばかりに外へ飛び出す。さて、何を食べようか? うなぎ、てんぷら、おすし……イタリー、フランス、ドイツ料理に中国料理、と心は千々に乱れてなかなか決まらない。とはいうものの、私はとうに七十歳を越えた御老体、それらをハシゴするほどの元気はないし行動範囲も限られている。一流といわれるホテルには上等のコックや板さんが揃っているし、雰囲気、サーヴィスにも安心感があるので、ついホテルへと足が向いてしまう。その昔、ライトの設計によるあの懐かしい帝国ホテルのグリルへ行くと、古川ロッパさんという、これも一流のコメディアンで超食いしん坊がいつも一人で御馳走を食べていて、

「デコちゃん。美味いものを食べるときは一人っきりに限るよ、ウン。気が散らないからネ。ウー、うまい」

というのが口ぐせだった。当時まだ若かった私は「ふうん、そんなものかしら？」と小首をかしげたけれど、このトシになってはじめて「ホント、ホント」と納得がゆく。なにもかも忘却のかなたに追いやり、ひたすら御馳走にのめりこむというこのぜいたくさ！　まさに「ウー、うまい」である。

美味しいものをシッカリと胃の腑におさめたあとは、ラウンジに席を移してカプチーノをすすりながら、ちょっとキザですが「沢木耕太郎短篇集」などをハンドバッグから取りだしてチラリと頁をくる。これはまだらボケ進行中の脳ミソへの栄養補給である。

え？　「今日のメニューはなんでしたか？」ですって？

「ハイ。うなぎの白焼きと鯛茶づけ。それから丼山盛りのお漬けものと、しじみの味噌汁をいただきました。ヒヒヒ」

ウー、うまい！


（『オール讀物』一九九八年一月号）

*さて、何から食べようか

二人でお茶を

朝、目覚めたときの一杯のお茶

朝、目覚めたときの一杯のお茶、恋人とさし向かいで飲む一杯のコーヒーの味、老人夫婦が日向ぼっこを楽しみながら味わうお茶のひととき、食後の番茶の香り、そして仕事のあとの一杯のお茶。一杯のお茶はあわただしい人間社会とは、切っても切れない生活のいこいである。

その一見、むだに思えるお茶を飲む時間の中で、人々は無意識のうちに、荒れた神経を休め、そして静かにものを考える。

世界中、どこの国へ行ってもお茶を楽しまない国民はない。日本ではお茶は料金をとらないが、外国ではただのお茶はない。そのかわり一杯のコーヒー、紅茶で何時間もカフェで休むことができる。日本には喫茶店の数が多いというけれど、パリにも大小さまざまの喫茶店が無数にある。よくフランス映画に出てくるが、電話をかけるには手近のカフェへ飛び込めばいいし、女の人がお化粧直しをするのも、手を洗うのも、みんなカフェを利用する。デパートや劇場の手洗いには、おばさんが一人がんばっていて、チップをやらなければ用が足りないけれど、小さなカフェでは、おばさんもいないし、洗面所の台の上に小さいお皿がのっていて、それになにがしかの心づけを置いてくればいいようになっている。

太陽の足りないパリでは、春から秋まで店先から鋪道半分くらいのところまでテーブルと椅子を並べ、人々は一杯のコーヒー、一杯のコニャックを前にして、日光をあびながら新聞を広げたり、ぼんやりと道ゆく人々をながめたりして、半日くらいは日を送るようである。いずこも同じ住宅難で、しかも暗いアパートの一室にとじこもっているより仕方のない老人たちの姿が目立って多い。人生の半ばを終え、あとは静かに余生を送るこの老人たちは、その静けさと孤独に耐えかねて、外に出て公園へ行くか、カフェへ来て一杯のコーヒーと向かい合って暮らすより仕方がないのだろう。一人ぽっちで椅子にすがり、灰色の目を宙に浮かせて所在なげな老人の隣のテーブルでは、若い恋人たちがからみ合うようにしてキスを交わし、何やらないしょ話をしている風景をよく見かける。街の喫茶店は全く人生の縮図を見るようである。

ところ変わればコーヒーの味も変わる

ところ変わればコーヒーの味も変わるのが当り前かもしれないが、ほうぼうの国をまわってみて比較してみると、フランスのコーヒーの味は決して上等とはいえない。朝は大きなカップにコーヒーを半分、ミルク半分を混ぜ、砂糖を入れた、カフェ・オ・レを飲む。食後は大体カフェ・ノアール、夕食後はカフェ・ノアールとコニャックをいっしょに飲む人が多い。

アメリカはコーヒーがまずい、とよく聞くけれど、アメリカでは、コーヒーは全く日本の番茶と同じことで、何杯でもお代りをしながらガブガブと飲む。レストランでもカップが空になれば給仕が飛んできてつぎ足してゆく。もし日本ふうの濃いコーヒーをこんなふうにして飲んだら、胃を悪くしてすぐにひっくり返ってしまうだろう。アメリカ人は食事のときも砂糖ぬきのコーヒーをお茶代りに飲むし、若い人たちは大きなケーキと二、三杯のコーヒーでランチ代りにもする。コーヒーの味が薄いのなんのとは、やはり他国の人間の言うことで、大きなお世話さま、のようである。

アメリカとは全く反対の、強烈なコーヒーにはイタリアのエスプレッソがある。東京にも最近エスプレッソを飲ませる店があるが、これは圧縮コーヒーとでもいうのか、コーヒー粉は多くても水の分量は大ぶりの盃一杯くらいで、ドロリとするほど濃厚で、苦さも苦し、香りも強く、日本のお濃茶のようで、とても何杯もというわけにはゆかない。油や香料をふんだんに使うイタリア料理のあとにはこれでなくてはならないのだろうが、私には胸にもたれるようであまり好きになれない。前菜にメロンといちじくや生ハムをいっしょに食べ、山のごときスパゲッティかスープを食べ、そのあとに鳥か肉の料理を食べて、チーズを食べ、最後にエスプレッソを飲んでケロリとして歌など口ずさんでいるイタリア人の胃袋はいったいどんなに強じんにできているのだろう。イタリアの美術館に押し並ぶ偉大な彫刻や絵画を見るたびに、圧倒的なイタリアオペラを聞くたびに、私はいつもイタリア人の胃袋を思い出すのだった。

こうして世界各国のコーヒーを

こうして世界各国のコーヒーを飲み歩いてみたが、中ではスウェーデンのストックホルムのコーヒーが私にはいちばん日本のコーヒーの味に近く思われた。この国は禁酒時代があったせいか食事といっしょにミルクを飲む習慣があるらしい。大の男がミルクのはいった大きなグラスを前にして、料理をムシャムシャやっている風景はちょっとあいきょうがある。ハンガリアはコーヒーの豆は嗜好品のうちで最も高価であるそうだが、豆の煎りすぎなのか、いつも焦げ臭くて感心できなかった。

しかし、なんといっても閉口したのは東ベルリンのコーヒーで、これは日本のせんじ薬のような匂いがしてどうにものどを通らず困り果てて半分残してしまった。東ベルリンはちょうど党大会の最中で、至るところに赤旗がはためいていて印象的だったが、それにも増して印象が強かったのは、このコーヒーを飲んだのが、純アメリカ式のカフェテリヤだったことであった。ステンレス製の小箱の中にサンドイッチやホットドッグがはいっていて、お金を入れるとバタンとふたが開く、あれである。労働力も物資も少ない東ベルリンでは、必要上利用価値満点なのだろうが、ロスアンゼルスやニューヨークのカフェテリヤを思い出してちょっと妙な気持がした。人々は厚いオーバーに身を包んで、日本人の私を珍しそうにながめてサンドイッチを食べながら豆のスープをすすっていた。砂糖なしのコーヒーを取ってしまった私が（砂糖付きはちょっと高い）ウロウロしていると、コーヒー係のおばさんがキョロッとあたりを見まわして角砂糖を二個すばやく私のカップにほうり込んでニッコリ笑った。いろいろな意味で印象深い東ベルリンであった。

お茶とお茶の飲み方には、それぞれの国民性が出ていてたいへん興味深かった。アメリカのコーヒーは安直で親しみやすく、アメリカ人そのもののような味がしたし、フランスのコーヒーは慣れるに従ってそのよさがあるのだろう。ドイツ人はコーヒーそのものを深く味わうような飲み方をする。生クリームをぽっかり落としたウインナコーヒーと新聞を渡したら、ウイーン人は三時間は動かない。イタリアのエスプレッソは、あの明るすぎる太陽の下の気つけ薬なのだろう。いずれにしても、お茶を飲んでいる人間の顔には共通した安らかさと落ち着いたふんい気が浮かんでいた。

各国を見渡してみた結果

各国を見渡してみた結果、お茶を飲みながら食事をするのは日本と中国とアメリカだけらしい。中国の飲茶《ヤムチャ》は、軽食またはお三時の代わりに、中国茶のお代りをしながらシュウマイや饅頭などの軽い料理をつまむ。料理を食べながらお茶を飲むのではなく、お茶を楽しみながら料理をつまむ、というほうが本当の飲茶らしい。中国茶は大好きなので、私たちは香港でお茶の葉を買いに歩いたが、お茶の種類はたいへんに多くて、中には二十里先まで匂うお茶とか、絶対に眠くならないという覚醒剤のようなお茶があった。私はありきたりだがジャスミン茶が好きで、お茶わんの中にジャスミンの花を一個浮かせて楽しむのが大好きである。中国料理でエビやカニの料理のあと、この中国茶で手を洗うと匂いがサッと落ちてしまうのが珍しかった。

西洋料理でも、生ガキのあとにレモンを浮かせたフィンガーボールが出てくるが、中国茶の方が一枚上だと私は思う。

……こう書いて私は今、胸の中に、あるお茶の思い出が浮かんできて思わず筆が止まった。お茶で手を洗う、というようなゼイタクなことをするなどと、あのころのだれが想像しただろう。あのころというのは戦争末期、東京じゅうが恐ろしい空襲にさらされていたころのことである。

私たちは防空頭きんをかぶり、モンペをはいたままの姿で日夜B29の爆音にせめられて、家の中と庭に作った防空壕の間を行ったり来たりして日を送っていた。空襲警報解除のサイレンが鳴ると人々はモグラのようにごそごそ防空壕からはい出して背を伸ばし、まだ存在しているわが家にもどっていった。そして、とぼしい貴重なお茶の葉をチョッピリ入れたお茶わんをかかえこんですすりながら、はじめて人心地のついたものだった。人にはいろいろなお茶の思い出があるだろう。しかし、もう二度とあのような辛いお茶の思い出は持ちたくない。

あのころの人々のあこがれは自動車でもテレビでも洗たく機でもなく、白米のご飯であり、天丼であり、甘いお汁粉だった。しかし人々が無意識のうちに欲していたものは、本当は天丼でもウナ丼でもなく、ゆっくりとお茶を楽しむささやかな自分だけの時間だったのではないだろうか。あのころの人々の気持はささくれ立っていて、「ものを考える時間」どころではなかった。「きょう生きる」こと以外のことは、どうでもよかったほどに疲れ果てていた時代であった。そしてたった一杯のお茶を楽しむことすら「ゼイタク」なこととして許されなかった時代なのであった。

戦後十七年たった今、私たちの生活に不自由なものは一つもない。けれど、人々は今、目まぐるしい日常の生活に追いまくられて、再び「考える時間」を失いつつあるのではないのだろうか。忙しいからこそ、ゆっくりとお茶でも飲んでお互いのコミュニケーションを結ぶことがなおたいせつなのではないだろうか。友人どうし、親子、夫婦、みんなお茶でも飲みながらゆっくりと話をし合えば、親交は深まり、誤解もとけて、みんなの生活がうまくゆくような気がする。「お茶でもいかが?」は世界共通の社交の潤滑油である。

（『ミセス』一九六三年一月号）

＊さて、何から食べようか

お宅独特のおかずを一品！　ただし、ウンと安上がりで簡単な

母から学んだ狭い台所の知恵

私が結婚したのは昭和三十年。トシは三十歳だった。五歳のガキのころから三十歳のオバンになるまで、私は映画一すじに、馬車馬の如く働き続けていただけだったから、三十歳になっても家事ひとつ出来ないハンパ人間だった。

当時、私の身についていたことといえば、母親ゆずりの徹底した「清潔好き」くらいのことだったろうか。

私が十歳くらいのとき、母と私は六畳一間のアパートに住んでいた。台所は、それこそ猫の額ほどで、ガス台がひとつと、小さな洗い場の他には、調理台といえるほどのスペースも無かった。が、母は、洗い場に置いた洗い桶の上に小さなマナ板を渡し

て、小器用におそうざい料理を作った。料理に使った汚れた器具を置く場所がないから、作るそばから台所を片づけていかなければならない。これは台所の狭さから強《し》いられてしぼり出した母の智恵だったのかもしれないが、小さな台所が常時きちんと片づいているのを見るのは、子供の私にも気分がよく、そんな母をチラッと尊敬したものだった。と同時に、そうした母の作業が自然に私にうつってしまったらしい。ただし、私の台所仕事は、母の、「清潔好き」「潔癖」を乗り越えて、「癇性《かんしょう》」といおうか、ほとんどビョーキといえるまでエスカレートしちゃった理由は、私自身にも分からない。

男はスゴイよ！　夫の嗜好《しこう》を覚えるまで三年

とにかく、結婚したときの私は、他にノウのないダメ人間なのだから、せめて台所仕事、おかず作りだけはシッカリとやろう、と決心した。

第一に、清潔。

第二に、手早く要領よく。

第三に、わが家の味を確立する。

この三点を心構えとして、三十歳の、新妻ならぬ古妻は、タドタドしくも殊勝気に、まなじり吊りあげて「台所」という戦場へと突入したのだった。

だが、しかし、私はそのトタンに大きなカベにぶち当たってしまったのである。なぜなら、わが夫・ドッコイ氏は、人並みはずれた、といおうか、理解に苦しむほどの、「好き嫌い」のはげしい男性であったのダ。

曰く、漬けもの類は、ぬかみそ漬けをはじめとして福神漬けに至るまで、てんで、受けつけない。イヤと言ったらイヤなのだ、という。

山芋は千六本ならイイけど、すりおろしたのはヌルヌルで気持ちワルイ。

筋子は小さく切れば許せるけどブツ切りは気味が悪い。

カマボコは大好きだけど、サツマ揚げは大嫌い。

大根おろしはスキだけど、煮たのはクサイ。

マグロの厚切りなんて、ありゃキザだ。

折角のヒラメをレモンのスライスではさむなんて邪道じゃないか。

アライはイヤだ。鯉コクもダメだ。

いやもう、うるさいのなんのって、夫の趣味嗜好を覚えこむまで、たっぷり三年がとこは振りまわされた。男はスゴイよ、である。

私の料理は、すべて即席、インチキ、ゴマ化しであるとかなんとかブーたれながらも、早いもので私たちの結婚生活も三十年がとこ経った。三十年の間には、夫の舌も、私の料理も、そして台所も、何回かの変遷をくりかえして、現在はようやくわが家のメニューも定着して、私の貧しいレパートリーをあれこれヒネくりまわしながら、なんとなくつじつまを合わせている、というのが現状である。

こうして、台所や料理のことを書くと、なにやらスゴイ大御馳走でも作っているように思われるけれど、それが全くそうではなくて、私の料理はすべて、「料理」などと書くのもおこがましいような、即席、インチキ、ゴマ化し「料理」のたぐいばかりである。

私たち夫婦は、脚本家と女優という、およそ規則的な生活には縁遠い共稼ぎ夫婦だから、どちらも仕事関係の会食などで外食をすることが多い。レストランや割烹店の料理は、ときに当たり外れはあるにしても、当然のことながら手も込んでいるし、ヴァラエティにも富んでいる。ひろびろピカピカと清潔で、完ペキな設備のキッチン。ドでかいマナ板。上等な包丁。最高の材料を料理する人はこの道何年何十年という料理の専門家なのだから、いうなれば美味《うま》いのがアッタリマエで、不味《まず》けりゃフシギというものだ、とおもうのは私ばかりではないだろう。べつにふてくされているわけではないけれど、「しろうとがなんぼ頑張ってみても、しょせんはプロの味にかなうものではない。私はとことん家庭の味にのみ専心しましょう。そうしましょう、そうしましょう」と、私は思いこんでいるから、三時間をかけてフランス料理のソースを作ったり、ややこしい中華料理に挑戦する気などはさらさら無い。わりと時間をかけるのは「オカラ」とか、西洋おでんの「ポトフ」、牛の筋肉をコトコト煮込む「牛丼」くらいがいいとこで、これらもやはり料理とまではいえない家庭のおかずである。

結婚三十年、わが家の食生活は、刀折れ、矢尽きた

最近、巷《ちまた》では「こだわる」という言葉が流行《はや》っているようだけれど、毎日の食事の都度《つど》に私がこだわるのは、おかずを盛る「食器」である。馬子にも衣裳……というけれど、「即席料理も器ひとつでかなりゴマ化せるわよ」というところが、私のインチキの種あかしとも言えるだろうか、ワサビ漬けをちょいと盛るにも、今日は李朝《りちょう》の盃、明日は根来《ねごろ》の小皿、と、家中の食器をとっかえひっかえしては目先を変えてゴマ化すのである。たまには何もかも上等の春慶塗《しゅんけいぬり》の弁当箱に盛り込んで、隅っこがふさがらないと、苦しまぎれに赤飯などを押しこんでみたり、もう、なにがなにやらメッチャクチャの感じである。

しかし、一家の台所に納まっている食器の数には限度があり、庭の木の葉ッパまで使ってもマンネリからまぬがれない。かてて加えてかんじんのおかずのレパートリーだって、これは私のせいではなく、好き嫌いのはげしい夫のせいで、あまり豊富とはいえない。大げさに言うならば、わが家の食生活は、結婚三十年を迎えて、ついに刀折れ、矢尽きた、という始末となった。といっても喰べることを止めるわけにはいかない。いや、残る生命はあと何日か何年か知らないけれど、やっぱり美味《おい》しいものを喰べたいのだからしかたがない。

食事に情熱をもっている人は、自分の職業にも情熱がある

さて、この行き詰まりをどう解決するか？

頭の単純な私が考えた解決方法は、まことにアッケラカンと単純だった。それは「よその家のレパートリーを盗んじまう」ということである。盗むといっても、いきなり他人の家の台所へノコノコと入っていって、おかずの製作過程を見物するわけにもいかないから、ちゃんと電話でお伺いを立てた後に参上して、教示を受ける、ということに決めた。

決めた、といっても、これはあくまで当方の勝手な思いこみである。世の中には、モノを教えるのもケチな人（私もそうだけど）もいるし、とっておきのおかずの作りかたを公開するなんてイヤだよ、と怒る人もいるかもしれない。とにかく、当たって砕けろ、撃ちてし止《や》まん、である。

私は常々、自分の仕事をシッカリとやる人は、喰べものに対してもシッカリとした

舌と意見を持っているに違いないし、食事に対して情熱を持っている人は自分の職業にも情熱を燃やす人である、と、信じている。

ここに登場してくださった方々の全員が私の知人、友人、というわけではなく、全くおめにかかったこともない方もいられるけれど、日頃から、なんらかの意味で、これも一方的だけれど、私が興味と好意をよせさせて頂いている方々ばかりである。取材をお願いした口上は、「お宅独特のおかずを一品、教えてください。ただし、ウンと安上がりで簡単なおかずに限ります」ということにした。

私が、思いつくままにリストに書き連ねた方々は、いずれも現在、第一線で活躍中の錚々《そうそう》たるメンバーで、日夜、ここともおもえば、また、あちら、と、牛若丸の如くに忙しい方々である。その、普通でも忙しい面々を、これも忙しく追いかけて取材に走りまわってくれた「キャンディッド」のスタッフの努力に感謝感激しつつ、まとめられた原稿を読み進むうちに、私は、なんともいえない和やかさと暖かさを感じて、久し振りに、人間らしい、素直で素朴な感情にひたっていった。そう、ちょうど、ゆったりと肩まで温泉にひたったときのような、寒い部屋で暖かい「鍋もの」を前にしたときのような、ほのぼのとした感触だった。

好みの料理を喰べている姿を想像するとほほえましい

「鍋もの」といえば、この「わが家のおかず」には、九種類もの「鍋もの」が登場している。グルリと取り囲んだ食卓の真ン中に置かれたひとつの大皿に向かって、めいめいが自分の箸をのばして料理をつまんだり、一つの鍋から自分の好みのものを選んで喰べる、という習慣は、どうやら中国と日本だけのようだけれど、こんなにアットホームな食卓の風景を持てるだけでも、「ああ、日本人に生まれてよかったなア」とおもうほど、私もまた、「鍋もの」には目がない。

田辺聖子さんの、「ころ鍋」
虫明亜呂無さんの、「カキの土手鍋」
深田祐介さんの、「菜鶏鍋」
桐島洋子さんの、「中華鍋」
泉ピン子さんの、「石狩鍋」
牧美也子さんの、「キャベツ鍋」
藤本義一さんの、「ほうれん草と豚肉の土手鍋」
荻昌弘さんの、「沢煮鍋」
そして、私、高峰秀子の、「鶏のミンチ団子鍋」……。

どの「鍋もの」も、どこかで喰べたこと、見たことのありそうな鍋だけれど、それぞれに個性的な工夫が加えられていて、一度は試してみたい。と、大いに食慾《しょくよく》をそそられる「鍋」ばかりだった。

そうかとおもうと、かなりユニーク、かつファンタスチック、ストレンジな「おかず」もたくさんある。

木元教子さんの、「ザァーサイと豆腐のグラタン」とか、山藤章二さんの、「スパゲティ・和風ボンゴレ」。秋山庄太郎さんの、牛乳とバター入りの「味噌スープ」に至っては、なんせ、一度も喰べたことがないだけに、ちょっとファイトの湧く代物、ではない、「おかず」である。

那須良輔さんのしらたきとキノコ、というふしぎな詰めものをした「鶏の蒸し焼き」は、一見山賊料理風で魅力的だし、藤田まことさんの、「素うどん」や、田辺聖子さんの、「ころ鍋」は、共に関西の味で、そのお国ぶりが彷彿として、お人柄がしのばれる一品である。

その他、「あッ」と驚くようなハプニングも続々と登場する。あのスマートなカメラマンの立木義浩さんが、お好み焼き風の、「ネギ焼き」が得意だったり、あの食通食魔の安倍寧さんが、家庭ではひそかに、「梅干し汁」をすすっていたり、一升酒もなんのその、というような面構えをした、あの若山富三郎さんが、お椀に一杯のお汁粉をのむ楽しみのために大たちまわりを演じたり、トンボを切ったりしてるとは……。そしてまたまた、あの人気歌手の五木ひろしさんが、マロングラッセやチーズケーキには眼もくれず、おふくろさん差入れの「ぼた餅」を、唇をアンコだらけにしながら楽屋でカッ喰らっているサマなどを想像すると、なんともほほえましくて、これでまた大勢のファンが増えること間違いなし、である。

わが家の愛情料理を発明すれば、亭主はせっせと帰ってくる

よく「料理は心で作る」とかいうけれど、たぶん、心を入れて真剣に、ということなのだろう。なるほど、料亭やレストランの板さんやシェフは、自分が作っている料理を、どんなお客さんが召し上がるのか、ということまでは知らないから、料理そのものに力を入れるよりしかたがないのだろう。

その点、家庭料理は、夫や子供など、家族という対象が決まっているから料理が作りやすい。家族の好みのものを美味しく喰べさせよう、という気持ちは、作る側にとって何よりの励みになる。

家庭料理にみせかけやツッパリは不要だ。三百六十五日、山海の珍味が並ばなくても、優しく柔らかな愛情料理で家族をリラックスさせることこそ、おかずの第一条件だと、私はおもう。

この項の、どのおかずを見ても、「美味しそうだなア」と思う前に、作る側の愛情がほんわかと伝わってくるし、その愛情を喰べる側の、しあわせそうな表情までが目

に浮かんできて、こっちまで楽しくなってくる。

世の奥様がたの中には、亭主の赤チョウチン参りや、バーのつき出しのおふくろの味に随喜の涙を涙する夫の姿にカリカリとくる人もあるらしいけれど、ほんの二品でも三品でもよいから、これぞ、という「わが家の愛情料理」を発明すれば、亭主は必ずせっせと家へ帰って来る、と、私は信じているのだが、どうだろう。月給トリというトリは、わが家へエサを喰べに帰って来るのではなく、他家にはないプラスアルファを期待している。そのプラスアルファをひねり出すのが、女房のつとめでもあり、楽しみでもあるはずだ。

「おいしい料理が家庭円満のヒケツ。料理をおろそかにすると、男は家ばなれをしますよ」

と、歌田勝弘さんも言っている。そして、

「女の料理は、主人と子供がおいしいと思えばそれでいいんじゃないかな。毎日の料理は、それでいいと思う」

という、田辺聖子さんの一言で、家庭のおかずのすべてが言いつくされている、とおもう。

さいわい、この本の中に納められた「おかず」には、ひどくややこしい料理や、目の玉の飛び出るような高価な材料を使った料理はほとんど無い。今日でも明日でも、チョイと作ってみようか、と思える「おかず」ばかりなのがありがたい。
わが家の「おかず」の行き詰まりも、これで当分は打開されそうで、古妻を越えた老妻は、またやタレ目のまなじりを吊りあげて、女の城なる台所へ、「進めや進め、いざ進め！」と喜んでいる。

（『わがやのおかず』一九八三年）

鶏のミンチ団子鍋

夫は、鍋ものさえあれば機嫌がいい

日本人は「鍋料理」が好きらしいけれど、うちの夫・ドッコイもまた、春夏秋冬、鍋ものさえあれば機嫌がいい。すきやき、魚すき、湯どうふ、よせ鍋、と、手を変え品を変えで忙しいけれど、たまには鶏のすきやきを、「鶏のミンチ団子」にしてみることがあります。

少々、手がかかるけれど、鶏のミンチは安いし、卵やねぎが入るので栄養はあるし、女、子ども、そして入れ歯のお方にも歓迎されることまちがいなし、です。

鶏のミンチをボウルに入れ、よくほぐした卵と、長ねぎのみじん切りと、おろししょうがを少々入れて、よくまぜます。

ふつうのすきやきのたれより少し薄味にしたたれを煮たて、ティースプーンでミンチをひと口くらいにすくって鍋に入れます。

具は、とうふ、長ねぎ、しらたきなど、すきやきと同じ材料でいいのですが、春雨、

＊あれもおいしいこれもおいしい

山菜、生椎茸など、目先を変えるのもまた食欲が出るようです。

ミンチをこねるとき、卵の量に気をつけてダラーッとならぬようにするのがコツ。スプーンを二本使って、ポトンと入れましょう。

たれは、こんぶだしに清酒と塩。そしてしょうゆとみりんを少々で、好みの味にします。

鴨《かも》を使えば、グンとおいしくなっちゃう。

〈材料〉鶏のミンチ、卵、おろししょうが、長ねぎのみじん切り。

（同前、一九八三年）

＊さて、何から食べようか

食べさせてもらう……

グアム島へ小旅行をした。

旅行業者のPRによれば、「グアムや香港などはもはや海外旅行の範疇にも入らないほどのもンでして」なのだそうで、なるほど考えてみれば羽田からグアムまでと、東京駅から大阪まではジェット機と新幹線のちがいこそあれ所要時間は同じ三時間ほどである。

検疫、パスポートの手続きを済ませ、長々とした動く歩道を乗りついで、やっとJAL・DC8にたどりつく。席に落ち着いて機内を見渡すと、珍しく団体客の姿もなく、子供連れの家族や新婚旅行らしいカップルがチラホラとしているだけで至って静かである。時計の針が定刻を指し、大金庫の扉のようなドアが閉められてタラップが外されると、DC8は大きな図体を滑走路の端までノロノロと運んでゆく。空中を飛行するべき飛行機が地上をヨタヨタと歩いている姿はなんとなくシマらないものだナ、と思ったとたんにＤＣ８は突然一気に駆け出してフワリと上空に舞い上がった。地上がみるみる遠くなり、飛行機は白雲をつっ切ってぐいぐいと上昇してゆく。「シートベルト着用」と「禁煙」のサインが消え、機内に音楽が流れ、型通りに救命具のデモンストレーションが終わると、早速、食前の飲み物のワゴンが持ち出されて、和服姿のスチュワーデスとパーサーが愛想よくサービスをはじめる。船と飛行機の中の物品は無税だから、アルコール類はワンショットが五十セント（百五十円）、ソフトドリンクは無料である。

一日中鳴りわめく電話のベルと、あらゆる雑用から解放されたこの空中の三時間は私にとっての命の洗濯だから、サイフから二十五セントを二個つまみ出してドライシェリーなどをなめながら真綿を敷きつめたような雲海を見下す。要領よく整頓された厨房のオーブンからなにやらおいしそうな匂いがただよってくる。テーブルがととのえられ、かわいいエプロン姿のスチュワーデスがてきぱきと機内食のお盆を客席に配って歩く。機内食というものはどうやら世界中の航空会社の申合せでもあるのだろうか、年がら年中同じようなメニューで味もほとんど同じなのが不思議である。目の前に置かれたお盆の上にオモチャのようにちまちまと並べられたビーフステーキ、ポテトコロッケ、サラダやケーキを眺めているうちに、私はふと今から二十余年前に、はじめて海外旅行をしたときのことを思い出した。

第二次大戦中は誰もかれもが食糧不足に苦しみ、かぼちゃのつるやいもの葉入りの雑炊ばかりでやせおとろえていたのだから、敗戦直後のパンアメリカン機の機内食はパリへ向かう私を欣喜雀躍させて、よだれより先に涙の出るほどの感激に打ち震えて夢中でお盆の上の食べ物をお腹につめこんだものだった。

「おいしい」「一人で食べてはもったいない」「日本が敗けたのは当然だ」「アメリカは金持ちだ」と、いろいろな思いがフォークとナイフをあやつる私の頭の中を駆けめぐったものだった……。けれど人間ほど馴れやすい動物はいない。食糧がだんだんと豊富になるにつれて、今日の今日まで貧乏国だと思っていたわが日本国の残飯の量が、現在ではなんと世界で三番目なのだそうである、できすぎて困る（?）野菜などはなんとトラクターで踏みつぶしてしまうのだそうである。そのように食べ物を粗末にする国など、大国でもハチのアタマでもありはしない、そういうニュースを聞くたびに私は無性に腹が立つのだけれど、これは、戦時中の、あの屈辱的なひもじさを経験した人間だけが持つ感情なのだろうか。

「これとこれは手をつけておりません。もったいないと思いますのでどなたかのお役にたててください」

いきなり私の耳もとで女性の声がした。私の後ろの席のひとらしい。「はい」と答えたスチュワーデスが小さな食器を掌にのせて後ろ姿をみせている。「もったいない」という言葉がごく自然に爽やかに私の耳を打ち、私は思わず後ろを振り向きそうになった、私は「もったいない」という言葉が好きだからであった。

言葉は生きものだから、その時代につれて生きたり死んだりするのは当然のことだろう。着捨て、投げ捨て、のザッパクな現在の日本にとって、「もったいない」という言葉も遠からず死んだ言葉になり果てるのかもしれない。けれど、「もったいない」という言葉の中には物に対するいたわりと愛情と感謝の思いがどんなにかたくさんこめられているだろう、と私は思う。「もったいない」という言葉を捨てるからには、つまり愛情も感謝もいたわりも一緒に捨ててしまう、ということにほかならない、それこそ「もったいないことだ」と私は思うのである。例えば、ほんのささいな料理のひとつにも、材料がかかり、人間の手間ヒマがかかって、はじめて料理というものができ上がるのである。「料理は心で作る」とよく言うけれど、それは、材料に対する愛情や感謝の心がなければおいしい料理もまたできないということなのだろう。材料をかわいがっていない乱暴で粗雑な料理が巷にハンランして私たちをあきあきさせているのはいったい誰の責任なのだろう? せめて私たち女性だけは、「みみっちい」と言われようと「カッコ悪い」と笑われようと「もったいない」の精神を忘れずに台所に立ちたい、とつくづく思う。スチュワーデスが持ち去った食器の中に、何が入っていたか知らないけれど、「もったいない」という一言でもう少しで残飯になる運命であった食物が「生きて」私たちの誰かの口に入り、命の糧となってくれるではないか。

いつの間にか、窓の下には紺ペキの海が広がっていた。再びシートベルト着用のサインが点き、ジェットは機首を下げはじめた。キチンと帽子をつけたスチュワーデスがお行儀よく椅子に座り、機内アナウンスがグアム島到着後の案内を告げている。眼下には飛行場の白線が見え、ＤＣ８は大きな鳥のように地上に降りたった。

たった三時間の間に、私は、私自身も忘れかけていた「もったいない」という珠玉のような言葉を飛行機の中で拾った。それだけでグアム島小旅行の収穫は充分である。なんとなく心のはずむ思いでタラップを降りかかった私はふと振り向いた。あの爽やかな声の主はまだ三十歳に満たぬような明るい表情をした女性であった。

グアム島の深い緑は果てしなく四方に広がり、南の太陽の光が私のムキ出しの腕に熱い接吻をした。

（『ミセス』一九七三年三月号）

＊あれもおいしいこれもおいしい

わが家とっておきの酒の肴　これがいちばん！　自慢のメニュー七品

食べることがなによりも好きな女が、それを上回る食いしん坊の男と結婚。夫婦ともに酒飲みで、集まる人もお酒をたしなむ。主婦たるもの、酒の肴の二十や三十は頭になくては務まりません。時間のかかる、めんどうなものはだめ。友人知人集まって、にわかの酒宴に、買いおきのあり物で、さっと作り、好きで集めた、中国の古い食器に盛れば、なにやらごちそうのように見えます。

ひき肉のレタス包み

とっさの酒盛りで、あれこれ材料は集まりません。ともかく冷蔵庫をのぞくと、肉と野菜が少しだけ。それらを使って、ごちそうに見せる手がこれ。テーブルを囲んでワイワイ言いながら、手巻きにする楽しさが好評です。

しょうが、にんにく、赤とうがらしのみじん切りを、サラダ油とごま油でいためる、ひき肉（豚、鶏、牛どれでも）、ねぎのみじん切り、なすの角切り、その他ピーマン、しいたけ、もやし、なんでも順にいため合わせ、酒とオイスターソースで濃いめに味をつけます。熱々を、レタスに包みながらいただきます。

中国風冷ややっこ

とうふのつるんとしたのど越しに、搾菜《ザーツァイ》のシコシコする口当たりが案外いけます。和風の冷ややっこになれた口には、とても新鮮で喜ばれます。

木綿どうふ一丁は、よく水けをきり、深めの器に入れます。ねぎかあさつき、赤とうがらし、にんにくのしょうゆ漬け（生のにんにくでも）、搾菜《ザーツァイ》のみじん切りをたっぷりのせ、酒、しょうゆ、ごま油、辣油《ラーユ》を合わせた汁をかけます。

きゅうりの中国風あえ物

ピリッと辛みのきいた肴は、酒飲みにはこたえられないもの。きゅうりなら、どこのお宅の冷蔵庫にも二本や三本はストックがあると思います。

きゅうりは皮を縞目にむき、味がよくしみ込むようにビール瓶などでたたいて斜めにザクザク切り、しょうゆ、酒、辣油（ごま油と豆板醬《トウバンジャン》でも）、おろしにんにくを合わせたものをかけます。

菊菜と黄菊のあえ物

なんでもない一品ですが、色のとり合わせといい、いかにも秋のふぜいがあるでしょう?

菊菜(しゅんぎくを秋にこう呼びます)は塩少々入れた熱湯でゆでて水にとり、かたくしぼって食べよく切ります。黄菊は花びらをむしり、塩ほんの一つまみ入れた熱湯でさっとゆで、すぐ水にとってざるに上げます。

しょうゆ、酒、だしを合わせて二つをあえ、器に菊の葉を敷いて盛ります。時間がたつと、花の色は移りにけりなで、菊の色がだめになってしまいます。早くすすめてください。

ハムサンドイッチ

夫・ドッコイはワイン好き。グラスも、どこかで一個だけ買ってきた夫専用です。ワインというと、えらくしゃれた肴を考えてしまうようですが、これもなんのことはない簡単料理。ただし、マスタードは本物でないと、いけません。

粒入りのフレンチマスタードとドライエストラゴンをすり鉢ですりまぜ、厚めに切ったボンレスハムにたっぷり塗り、サンドイッチにします。一口大に切り、クレソンをあしらいます。

きょうはパセリのみじん切りを入れ、ハムが薄すぎたので、三段にしました。

＊

夫婦そろって自由業の夜型人間。夫・ドッコイの仕事が一段落して、書斎から出てくるのは夜中の十二時過ぎ。それからふたりでゴキブリのごとく台所をあさり、酒宴が始まります。眠いわ食べたいわの三分料理。思いつくままに並べてみました。

たいのこぶあえ

ただのさしみじゃ、つまらないし、こぶじめにする時間もなしで、考えついた即席こぶじめ風。日本酒にうってつけの一品です。

たい、ひらめ、すずきなどのさく取りを細く切り、市販の刻みこぶ（甘みのないもの）とあえます。器に青じそを敷いて盛り、しその実を散らします。わさびじょうゆをつけていただきます。

あさり酒蒸し

夫・ドッコイの好物。日本酒にも洋酒にもいいものです。これと、あじを酢に漬けたものがあれば、ごきげんです。

あさりは、薄い塩水につけて砂を吐かせ、土なべに入れ、酒を適当に振りかけます。あさりに塩けがあるので、塩味はつけません。蓋をして火にかけ、蒸し煮にします。貝の口がみな開いたら、あさつきの小口切りを散らし、れんげを添えて土なべごとテーブルへ。

蒸し汁が特においしいので、残さず飲んでください。

（I LOVE COOKINGシリーズ『かんたん・酒の肴1000』主婦の友社、一九八五年）

ミルク・卵・チーズ

＊あれもおいしいこれもおいしい

母が病気だったので、私は牛乳と、メリーミルクで育った。四歳で子役になったころも、メリーミルクの缶を手に持って首からゴムの乳首をひもに通してぶら下げ、年中それを口にふくんでピュッピュッと音をさせていた。

だからゴムの乳首は、何時《いつ》もふやけて白くなっている。それから子供のころの食べものといっては、卵と白い御飯だった。私は弱い子供だったので、いつも首に真綿を巻いて、のどをぜいぜいいわせながら、明けても暮れても三度三度の食事は、小さな茶わんに炊きたての御飯をちょっぴり盛ったのに、卵の黄身だけをポトンと落したのを、ネコの子のようにピチャピチャ食べていた。思えば無邪気な子である。

何やら今思うと、自分がいじらしくさえ思えてくるような、なつかしい味である。

もう一つ、これももう四年も前の話であるけれど、パリに行った時食べたチーズの味は忘れられない。もう一度パリに行きたい、と思う気持ちの中に、言葉はオシで、芸術には余りガクのない私に残るのは残念ながらやはり食い気なのである。

あちらさんでも、日本人がお茶づけを食べるように、御馳走のあとはたいていフロマージュとパンで仕上げをする。ギャルソンが、車つきの台の上にたくさんの種類のチーズを並べて運んでくる。キャマンベール、ゴルゴンゾラ、山羊の乳のホロホロしたチーズ。せんだっても、映画「七つの大罪」を見て、大食の罪の中で、ヒゲ男が大きなチーズをかかえ込んでうまそうにむしゃむしゃ食べているのには、全くよだれが出るほどだった。

パリの会話に少しなれてきてからは、食料品屋へ出かけて行って、好きなチーズを少しずつ買ってきては、ひとり存分に楽しんでいた。教会の鐘の音を、馬車のひづめの音をききながら、下宿の窓によりかかってかじるパンとチーズは、やはりなつかしい、忘れられない味である。


（『まいまいつぶろ』一九五五年）

ジャバっとかけてハフハフ食べるバラコ飯

*あれもおいしいこれもおいしい

わたしは北海道の生まれで、もう四つの時に出て来ちゃったんですけど、それが影響あるのかな、やっぱり北海道のものなら何でも好き。中でもシャケね。うちでは、なにかというとお弁当持って出かけるの。子供のお弁当みたいだけど、それにシャケと卵が絶対欠かせないの。

知人も北海道に多くてね、次から次へとシャケを送ってくれる。とてもうれしいわ。シャケに関して、とりわけわたしが好きなのが、バラコ。イクラってのは、バラコの塩漬け。だから、つまりイクラの生ね。

バラコをとるのは、また難しいのね。シャケのお腹の中からズズズッって出てくるのを、生ぬるーいお湯かお茶の中で、はがしていくの。やわらかくて、ヘタするとすぐつぶれちゃう。

そーっとほぐして、それをお酒とおしょう油に漬けるの。で、熱ーいご飯にかけて食べる。これは北海道の人の特権ね。シャケを丸ごと送ってもらうならともかく、バラコだけなんて運べないもの。

それにしても、熱いどんぶり飯にバラコをジャバってかけて、ハフハフ言って食べる、あのおいしさったらないわよ。酒の肴にもいいの。柚子を刻み込んだり、大根おろしを添えたりしてね。

イカそうめんだって、北海道式は、どんぶりにたっぷりイカを入れてショウガ汁としょう油かけて、本当におそばのようにズルズルズルーって食べるものなんですよ。東京のは、ほんの一口ちょこっと出されるけど、あんな上品なものじゃないの。グワーッてかき込んで食べる北海道式のが、一番おいしいの。

北海道の人たち、特に漁師の人たちが羨しいわね。どっちも東京の人の口には、はいらないの。東京で手に入れようとするならお寿司屋さんくらいかなァ。

きのうもらった銀ジャケには、こんな大きなバラコがベローンって入ってたわよ。うん、お蔭でまた当分楽しめそうだわ。

（『旅』一九八二年十二月号）

キンピラゴボウ

*あれもおいしいこれもおいしい

昭和五十八年現在、「飲食店」と称する店は、全国で八十万店、東京だけで約十二万店あるという。それだけ人々の外食人口が増えた、ということだろう。

東京はたしかに日本の中心地ではあるけれど、もともと料理という料理などなかったところへ、野良からやって来たアンちゃん、ネエちゃんが集まったビッグカントリー（ビッグシティに非ず）である。だから東京には日本国中の舌が寄り集まっているはずなのに、それがゴッチャに入り乱れて、昨今の板前やコックの料理も手さぐりなら、食べるほうもまた、「こんなものかね」と半分あきらめながら、どうした教育の手違いか、グリーンピースや御飯を無理矢理フォークの背中にのっける作業でせい一杯。にぎりめしがハンバーガーに変わっただけで、味のほうはいっこうに進歩がない、どころか、どんどん下落の道をたどるばかりである。

なんせ、私の気に入らないのは、日本国でありながら、ちゃんとした「日本料理」

がバカ高くて口に入らない、ということだ。もちろん東京にも美味い日本料理店がないこともない。が、材料プラス調理プラス味、と揃えばフルコースでウン万円がとこが軽くフッ飛ぶのだからビックリ仰天である。にぎりのおすしにしても、最高のトロなんざ、一個千円ときては、社用族ならともかく、まともな人間には手も足も出ず、かわりにペロッと舌でも出して退散するよりしかたがない。

だからといって、一流を素通りし、二流で間に合わそうとしてみても、二流で、これが日本料理です、と言えるほどのものはなく、せいぜい「とんかつ」か「焼き鳥」くらいのもので、それも名古屋コーチンや鹿児島の黒豚というわけにはいかない。あとはガクンと落ちて、衣だくさんの天丼か、ヒモノのような鰻どんぶり、おでんの類いになってしまうのは、いったいどうしたわけなのだろう?

薄味好きの私には、東京の甘辛い味よりも、京都や大阪の、いわゆる関西風の味つけのほうが性に合っているらしい。それに、関西ではウドン一杯、親子丼ひとつにも、まだまだ誠意が感じられて、後悔がない。「京都の人間はケチどすねん」と、京都の人が言うのだから、たぶんそうなのかもしれないけれど、ケチまた結構で、京都にはケチの生んだ料理やおばんざい（おそうざい）の味が確立されている、と私はおもっている。札ビラ切って、不味《まず》いものを「不味い」とも言わずに食べている東京の人間は、関西の人から言わせると、「味ないお方やなア」ということになるのだろう。

京都や大阪は、東京よりせまい。「不味い」と評判が立った店には二度と足を運ばないし、その前に客のほうから文句が出る。客に文句を言われて怒るような板前には進歩がないから、そういう板前は自然と消えてゆく。お客の舌と板前の腕が、丁々発止と取っ組みあい、話合いが成されなければ、料理に進歩は望めないのだ、とおもう。

東京には「ビジネス」はあっても「話合いの場」は少ない。大切なへそくりまで投じて、「食べる会」に参加している奥さんがたにはぜひ、板前さんやコックさんと話合いをしてほしい、とおもう。おおいに褒め、おおいに不平を言って、料理人の啓蒙に一役買っていただきたい、とおもう。作るほうも食べるほうも、はじめからナゲていたのでは、その内に日本中の料理はただのエサになってしまうだろう。

これは、家庭料理にもいえることで、街の書店には美しいカラー写真入りの料理の本が、これでもか、これでもか、という感じで並んでいるし、テレビでも料理番組が多い。けれど、これらもまた一方的で、話合いの場ではない。女房が黙って料理を作り、亭主が黙って食べて寝てしまうのでは、女房も面白くないから、「ええい、今日はインスタント食品で間に合わしちまえ！」ということになる。

どうやら、昨今の父親よりも、昔の父親のほうが、一家の長たる権威に満ちていたようである。例えば食卓においても、家族のおかずに加えて、父親だけのための一皿が必ず用意されていた。たいていは酒の肴の一品で、あるときは刺身であったり、あるときはちょっとしたあえものであったり、と、ささやかな一品でも、それが「お父さん、今日も一日お疲れさまでした」という、妻の心ばえだったのである。居並ぶ子供たちも、「お父さんの一品」を、当然のこととして認め、決して「クソジジイ、それ、よこせ！」なんてことは言わなかったようである。

このあいだ、私の知人のサラリーマン氏がこんなことを言っていた。

「僕の夕食なんて、哀れなものですよ。たいていは子供の弁当か昼食のおかずの残りでね。なんでもかんでも子供優先なんだから、僕なんか下宿させてもらっているようなもンですよ。父親の権威、地に落ちたり、なんて言うけれど、家族のために月給を稼いでくるのは、昔も今も父親なんですからね。これ、いったい、どうなっているんだろう」

どうやら、この家族にもまた、話合いが足りないのではないか？　と、私はおもった。

インスタント食品といえば、本場のアメリカのスーパーマーケットにはさすがに品数が多い。が、どのマーケットも内容はほとんど同じで楽しみが少ない。というと、全アメリカ人が毎日同じものを食べているようだけれど、そうではなくて、アメリカの主婦たちは常に「持ち寄りパーティー」を開いたり、「料理のレセピーを交換し合う会」を持ったり、同じ材料でめいめいが料理を作って試食をしたり、と、家庭料理のレパートリーを増やすことに必死の努力をしているらしい。「レディーファーストの国に生まれた女性は羨しいわ。男の人には親切にされるし、イバっていられて。食事の支度だってインスタント食品でチョコチョコッと作るんでしょうね」とおもうのは大間違いで、アメリカのハウスワイフは家中をピッカピカに磨きあげ、時間があればパートタイムで働き、夫とパーティーに出るための話題の仕入れから子供たちの躾、と、八面六臂の活躍で、彼女たちはもしかしたら、私たち日本女性よりもずっと働き者の努力家なのではないか、と、私はいつも感服させられている。食品の値上がり反対、欠陥食品の不買運動などでも率先して立ち上がるのはいつも主婦である。

最近は、「男子厨房に入ろう会」などというヘンな会が出来て、いいトシをしたオッサンがイソイソとじゃが芋の皮などむいてニッタリしているけれど、あれは単なる男のストレス解消、レクリエーションであって、家族の食事のために三百六十五日、台所で腕をふるってくれるわけではない。台所の実権はどこまでいっても女性にあり、食料品の購入も主婦の肩ひとつにかかっている。材料選びに眼を光らせ、鋭いハナでインチキ商品を嗅ぎ分け、確かな舌で美味い料理を作らなければ家族を家に引きとめておくことはできない。ややこしいフランス料理に挑戦するのも結構なことだけれど、日本中の主婦が一品ずつでも、これは、という得意な日本料理を会得したら、少なくとも日本料理だけはエサになり下がらなくてもすむのではないかしら?

「うちのかアちゃんのキンピラで一杯やるか」なんていうセリフを亭主に言わせてみるのも、女房としては決して悪い気持ちはしないものである。

（『コットンが好き』一九八三年）

*あれもおいしいこれもおいしい

病人食

日本ほど食べものの種類の豊富な国はない。銀座をひとまわりすると、世界中の食べもの屋が軒をつらねているのは周知である。けれど、あるところにはあっても、ないところにはまったくない。

私達がパリから小旅行を楽しみにボンを訪れた時だった。ドイツかぜのすごいのにかかった松山が中耳炎になった。大学病院へ行ったら、うむをいわせず入院させられ、私はホテルから毎日病院へ通い、一日中松山のマクラもとにつきそうことになった。病人が熱で食欲のないのを幸いに、病人用の食事はほとんど私が食べてしまった。お得意のハンバーグやソーセージなどに、豊富なサラダやケーキにミルク、よその安レストランよりずっとおいしいのにびっくりしながら、食事時間が楽しみであった。そして、日本の病人食の味けなさをはるかに思い出してさびしくなった。

やはり松山が東京のある大学病院に一カ月ほど入院したとき、ちょうど夏だったので網戸のない窓からカやハエがはいってくる。それにも増して悩まされたのは支給の病人食だ。いくらジン臓に塩気は禁物とはいえ、おしょうゆなしのハンペンやカマボコでどんぶり一杯のご飯が食べられるはずがない。ジン臓といっても松山のは結核性なので栄養をとらなければならない。しかし出てくるものはガンとしてハンペンやカマボコである。そこで私が弁当箱と魔法ビンを持ってあっちのトンカツ、こっちのスープと買い出しにかけまわっては病院へ運んだ。余りのひどさに、回診の若いお医者さんに「あなたは一体何を食べているんです」と聞いたら「ここのはヒドくまずいので、よそからとって食べてます」という返事だった。せんだってアメリカの小児マヒの病院へ行ったときも食堂でランチを食べたが、セルフ・サービスとはいえ肉も鳥もあり野菜もあり、なかなかおいしかった。どこでどうなっているのか知らないが、一言でいえば日本は貧しい。それが病院だけになお貧しさを感じる。病室にコンロを持ち込んで料理をする風景などは外国では皆無である。

（『朝日新聞』一九六一年九月十二日）

おべんとうの記憶

日本人は、働くために食べ、フランス人は、食べるために働くという。

つまり、日本人は、単に栄養をとるため、必要にせまられておなかにモノをつめる。食い道楽のフランス人は、たっぷり二時間もかけて、食事そのものを楽しむ。そして、そのためにせいいっぱい働こう、というわけである。

同じようなことだけど、よく考えてみればたいへんにちがう。

私にしても、三十何年間の女優生活中、仕事の合い間におにぎりをつめこんだり、カレーライスの立ち食いをしたことは、数限りなくある。いずれも、「働くために食べる」口である。

食事を楽しむことを覚えたのは、やはり結婚してからのようだ。松山が、私を上まわる食いしん坊なのは幸いなことで、時間さえあれば私たちはあちこち食べ歩いて楽しんでいる。〝仕事が終わったら何を食べにいこうか?〟これが私たちの合い言葉である。

「山河あり」の信楽《しがらき》ロケは、ひどい寒さでお弁当をもつ手もかじかんで、あまり結構とは言えなかった。

農家の人が、好意でいれてくれたお茶だけがこの上ないごちそう。信楽焼きのお茶わんで飲むあつい番茶は、ひとの好意が、そのままおなかにしみ通るようにおいしかった。

（『女性自身』一九六二年三月十九日）

現代おむすび考

*あれもおいしいこれもおいしい

簡単で食べやすいから

私は、丸ノ内のビルの一階に小さなガラクタ屋の店「ピッコロモンド」を持っている。時間のあるときには店に顔を出したついでに近所のビルのアーケードをのぞいたり、十二時から一時の間の歩行者天国を楽しんだりして、若々しいふんいきにひたるのがこのごろの私のレクリエーションの一つになっている。

このごろの東京の街は、実に美しすぎるほど美しい。近代的なビル、舗道の花壇、しゃれた飾りつけのウィンドー、色彩はなやかにあふれるばかりの品物。そしてサッソウと行きかうミニスカートやホットパンツの美人たち、幅広のネクタイ、カラーのシャツ、しゃれた背広姿のサラリーマン、まるで西欧の大都会でも見るようである。

お昼時、このあたりの混雑はすごい。いくら目抜きの大通りとはいえ、いったいどこからこんなにおおぜいの人間がわき出たか、と思うほど、人、人、人の波で、各ビルの食堂の前はからっぽの胃袋の大行列となる。食堂街にはサラリーマン用のランチが多種多様に売られていて、どの売店にもおさいふ片手のBGたちがひしめき合っている。ちょっとのぞいただけでも、炒飯弁当、シューマイランチ、サンドイッチに菓子パン、五目ずしにのり巻き、赤飯弁当に幕の内に支那マンジュウ、ズラリと並んだ三角おにぎりの隣には、ポテトサラダ、マカロニサラダ、キンピラ、コブマキ、チャーシュウなどのおかず類が並んで、まさにより取り見取りである。こんなに多種類のランチを持つ国は、世界広しといえども日本国だけだろう。値段はだいたい、一人前百円から三百円の間で、おにぎりだけが一個売りであり、そのおにぎりが飛ぶように売れてゆくのを見て、私はちょっとおかしくなった。このあたりのカッコいいふんいきと、素朴にして質素な三角オニギリとはどうもイメージが結びつかないではないか。それにしても、なぜおにぎりはこんなに人気があるのだろう？　そこで私は、たばこ屋のカワイコちゃんやデパートの売り子さんやキッサ店のウェートレスや外国商社のタイプライター嬢にインタビューを試みた。

「なぜ、おにぎりを買うの？」という私の問いに、彼女らは一瞬目を丸くした。ヘンなことを聞くオバハンだと思ったのだろう。

「簡単で食べやすいから」

「値段が安いから」

「うちでは食べられないから」

「パンじゃおなかすくから」

「おにぎり屋へ入ると高いから」

「さけやタラコは家にないから」

「朝ご飯は食べてくるの?」という問いには、半分くらいが「食べてこない」と答え
「自分でおにぎり作れる?」と聞いたら、大多数が「作れなァい」と恥ずかしそうに
笑った。

「食べやすいから」

なるほど、昼休みの一時間という時間は彼女らにとってけっしてたっぷりとした時間ではないのだろう、その一時間の中で彼女らはランチを取り、お化粧直しもしなければならず、必要品の買い物もあるだろうし、散歩もしたいだろう、一時間を効果的に使うためにはどうしても食べる時間を縮めるほかないのである。「わかるわかる」と、オバハンはうなずいた。

「値段が安いから」

やっぱりそうなのか。おにぎりの値段はだいたい「梅干し」「カツオブシ」入りが一個三十円ほど、「タラコ」「さけ」入りになると一個四十円ほどで、特大ののり巻き

になると一個五十円ほどである。

「でもねェ、安いといってもおにぎり二個とちょっとおかずを買うと二百円になっちゃうの」と、彼女らはかわいい顔を曇らせる。彼女らはみんな若くて美しい。流行の洋服もほしいだろうし、靴もいる、そして罪なことには、このあたりの店には彼女らを誘惑する品物がありすぎるのである。若い人たちにとっていちばんできないことは「がまん」である。限られたサラリーから夏のワンピースでも買えば胃の中は当分の間おかずなしのおにぎり二個でがまんしなくてはならないのだろう、シワ寄せはやはりランチにかかるようである。

「うちでは食べられないから」

というのは、中身のタラコやさけのことらしい。これは一家の主婦である私をも「泣かせる」一言であった。さけやタラコは昔ならいちばん安いおかずであったのが、このごろではとても総菜の中の一品に加えられるというような値段ではなくなってしまった。昔、よく母が「さけはありがたい魚だね」と言っていたのを思い出す。さけさえあれば、朝、昼、晩のおかずになり、お弁当のお菜に、お茶づけに、といつでもおいしくて、そして安いから、だと言ったが、いまやさけは庶民の魚ではなくなったどころか料理屋でりっぱな皿にのって出てくる〝御鮭様〟になってしまったのだから、さけもわが身の思わぬ出世にさぞめんくらっていることだろう。さけの出世ほどではないとしても、おにぎりの身分もまた昔とは少しニュアンスが変わってきていることは確かである。第一、野外用の弁当や携帯食であった握り飯がだんだん屋内でも食べられるようになり、昔はなかった「おにぎり屋」などという商売が成り立ってゆく世の中である。日本人が全く米を食べなくならないかぎり、おにぎりは本来の携帯食とか郷愁とは関係なく、ただ「簡単で食べやすいもの」として残ってゆくのかもしれない。

ああ、銀シャリの塩むすび

考えてみれば、日本人とおにぎりのつきあいは長い。平安朝のころから、宴会のときなどに握り飯を従者に与えたということが文献にあるそうだ。小さなパラパラの粒を手で握って一つのかたまりにする知恵はやはりすごいことだと私は思う。入れ物がなくてすむ食事であるおにぎりは、その後、台風や火事、地震などの非常時にはなくてはならない生命のかてになったし、日もちのする〝焼きむすび〟は長旅には欠かせない携帯食として常識になっていた。

戦争中、空襲を受けて燃え盛るわが家を捨てて逃げるとき、人々は箸や茶わんは持たなくても、米と釜だけは背負って逃げた。どこへ行くにしても燃料と水さえあればご飯をたくことができるからである。戦争も終わりのころ、食料不足で瀕死になった戦地の将兵たちは、ヘビやトカゲで飢えをしのぎながら、ただひたすらに〝銀シャリの塩むすび〟にこがれたという話も聞いた。タラコやさけの中身はなくても、米さえよければ、両手につけた塩がご飯の水気でとけておにぎりにしみ込み、塩むすびには特有のうまみがあった。茶わんに盛ったご飯に塩をかけてもあの味わいが出ないのは不思議である。

戦争も終わりに近づいたころは、米はもちろん、食物らしい食物は誰の口にも入らなかった。米の代わりにほそぼそと配給になるのは、とうもろこしの粉か、馬が食べるフスマ、魚はサメかスケソウダラの切り身、カボチャのツルや大根の葉は貴重な野菜であった。戦後のやみ市で久しぶりにおにぎりを見たときの感慨は忘れられない。「戦争、カッコイイ!」などとうそぶく、今の若者たちに聞かせてやりたい話である。

戦後、私は、アメリカ進駐軍用の劇場「アーニー・パイル」(現在の宝塚劇場)で、急ごしらえのイブニングドレスを着て歌をうたっていたが、私の楽屋は一日じゅう、日系アメリカ人将兵、つまり二世の兵隊で満員であった。生まれて初めて日系人を見た私は、初めのうちは、顔は日本人でも日本語のタドタドしい彼らが気味が悪くてしかたがなかった。しかも彼らは、プレゼントのチョコレートや花束を私に手渡しても、なかなか帰ろうとはしないのである。それもそのはず、彼らは私の歌が好きなのでも、私の顔を見にくるのでもなく、なんと、お目あては、私の持っている〝握り飯弁当〟

だったからである。「イタリア戦線やジャングルの中で、鉄カブトで米をたいては力をつけた」「僕たちは日本人だから握り飯がなくては生きてゆけないのよ」そう訴えては、彼らは私の〝おにぎり〟をチョロまかした。それから二十余年たった今でも、その中の何人かの二世とつきあいが続いているが、会うごとに話題にのぼるのは、当時のおにぎりの一件である。「おむすびに結ばれた交友関係」、日本人ならではの思い出だろう。

　おにぎりについての思い出はいろいろあるが、なんといってもおいしかったのは、まだ小さい子どものころ、台所で母がお釜からおひつにご飯を移すときに、お釜の底に残ったお焦げにちょっとしょうゆをたらし、小さな俵形に結んで、まだあたたかいお釜のふたにのせてくれるのを、待ち構えていて口にほおばったあのフウワリとしたおにぎりの味である。癇性な母はおむすびを作る前には必ず両手が真っ赤になるほど洗い清めた。そういうくせはいつの間にか見よう見まねで子どもが受け継ぐものだろうか、私もまたおむすびを作る前には念入りに手を洗わなければ気がすまない。

　しかし、「おにぎりはおいしいもの」と決めている私にとって、若い彼女らの答えはショックだった。

「全然まずい」

「初めから味なんて期待してない」

私は「そんなまずいおにぎりをなぜ食べるの？」とききたかった。が、所詮前と同じ返事のむし返しであることはわかっている。私はなんとなくアゼンとし、そして、おにぎりは「まずいもの」と承知で食べている彼女たちがちょっと気の毒になった。

女房の握り飯は最高で

街で売っているおにぎりは、なるほど見るからにまずまずしい。大量生産されるおにぎりは三角の木型でポンポン打ち抜くだけだから、密度が薄くて指でつまむとバラリとくずれてしまい、ギリにも〝握り飯〟などといえるものではない。吹けば飛ぶような貧相なおにぎりでは女の子に軽蔑されてもしかたがない。

おにぎりはもともとゼイタクな食べ物ではなく、非常用の簡易食である。せめて、それなりの誠意と心があってほしい、と私は思うのだけれど、どんなものだろう。

〝食べ物〟は、不思議に、安い材料、粗末な材料ほど、料理に愛情と手間ヒマがかかるものである。たとえば、オカラをおいしく煮上げることは、ビフテキを焼くよりずっとむずかしく、本物の〝牛飯〟を作るのは、スキヤキを煮るよりめんどうである。

牛飯といえば、最近私は久しぶりに牛飯を食べてビックリ仰天した。それは私の知っている牛飯とは似ても似つかぬ、スキヤキの残りをご飯にブッかけたしろものであった。牛飯というものは、牛の筋や腱を小さく切って、これも刻んだコンニャクと玉ネギといっしょに二日も三日もコトコトと煮込むのである。筋や腱はトロトロに煮とけて、えも言われぬうまさになる、日本風シチューとでもいう味だろうか、とにかく絶対にスキヤキの残りとは違うものなのだ。大正生まれの食いしんぼうが何をゴタゴタ言いやがる、と思うかもしれないが、私にすれば、いつの間に牛飯がスキヤキの残りに肩代わりしたのか、どうしても納得がいかないのだからしかたがない。いや、それも百歩譲るとして、スキヤキの残り風牛飯は、昔を知らなければそれはそれとして通ってゆくかもしれないが、そのついでに料理にいちばんたいせつな愛情までが消え去ることが私には残念でたまらない。

東京というところは、もともと地方から出てくる人間のより集まった大きな田舎だったから、東京料理といえるようなものはなく、なんでも煮っころがし風のヤボくさいものばかりだった。それでも家庭の主婦はなんとかくふうを凝らしては、愛情と手間ヒマかけて総菜料理を作った。手の痛くなるほどオカラを練り、ヒジキと油揚げを根気よく煮含め、イワシをすりつぶしてツミレを作り、わが家だけの女房の味を、おふくろの味を作り出すことを、女の誇りとしていたものだった。日本国の食べ物がガラリと変わったのは、やはり第二次大戦後のことだろうが、どんなに人間の嗜好が変わったとしても、料理に愛情がいることだけは変わらないと私は思う。勤め先では、握っていないおにぎりや、スキヤキの残り風牛飯を食べ、家へ帰っては、インスタント食品やデパートの総菜ばかりになってしまったら、世の中はきっと、つまらない人間ばかりになってしまうのでないか、と私は気が気でない。

昔、女が結婚する、ということは、最初はいくら体裁のいいことを言われても、所詮は「家族のために一生、台所仕事を受け持つこと」にほかならなかった。最近でこそ、共かせぎがふえて、「家で食べるのは夜食のインスタントラーメンくらい」という夫婦もあるが、それでも一生それだけですんでゆくものでもなし、それですませては、「女がすたる」というものだと私は思う。

夫婦なんていうものは、いずれ色気がなくなれば食い気が残るだけなのだから、夫を終生つなぎとめるには、最後は「女房のうまい手料理」しかないのである。共白髪の夫婦になって、今日も明日もインスタントラーメンをすすっている図なんてのは、テレビのＣＭにしてもいただけない。お互い生きがいも消えうせて、早死にするのがオチである。おばあちゃんの手料理がデパートのおせち料理では孫にも見放され、やがては猫にまで軽蔑されるのが当然である。

せめて女房となったからには、フランス料理だ、懐石料理だといきなり張り切らずに、まず、おいしいおにぎりを結べるくらいの努力から始めたい。おかかをまぶした三角おにぎりや、柴づけのショウガだけをみじんに刻み込んだおにぎりや、サッと火にあぶってもみほぐした若芽のおにぎりや、そして、梅干しとおかかを練り上げて中身に入れたり、練りウニにゴマ塩のおにぎり、昔ながらにしょうゆを塗って焼き上げたこうばしいおにぎりなど……。ご飯という材料が淡泊なだけにセンス一つで何十種類もの楽しいおにぎりができるだろう。

「うちの女房の握り飯は最高で」

「私のママのおむすび、断然イケちゃうの」

夫や子どもが友達に吹聴しても、恥になるどころか、女性としてのカブが上がることゼッタイである。いや、そんなことより、近き将来、どでかい地震が来るとはもっぱらのちまたのうわさである。いざ鎌倉というときに、おにぎり一つ結べず、電気釜を背負って逃げ出したなんていうのは、それこそ女一生の恥になる。東京じゅうが、もし地震でひっくり返ったら、もちろん電気がないからスイッチポンてわけにはゆかない。たとえご飯がたけたとしても、電気釜に顔を突っ込んで鼻の頭に飯粒をつけながらモグモグやるわけにもゆかないのである。

「備えあればうれいなし」とは、戦争中のイヤな言葉であったが、真理である。

私は最後に、おにぎりランチ愛用者の若い少女たちに言った。

「あなたがたね、おにぎりだけは自分で結ぶおけいこしなさい。おにぎりってのはね、なんてったってかんてったってありがたい食べ物なんだから」

彼女たちは、ますますヘンなことを言うオバハンだ、と思ったのだろう、一瞬ポカンとしていたが、やがて「ククク」と笑い出し、「ハーイ、わかりました」と、明るい返事を残して、それぞれの職場に戻っていった。

（『ミセス』一九七一年八月号）

*あれもおいしいこれもおいしい

豚足　私にとってのご馳走

映画やTVで活躍している「女優」のイメージというと、いい格好をして豪邸に住み、さぞ美味しいものばかり食べているのだろう、と、世間の皆さんはお思いだろうが、聞くと見るとは大ちがい、仕事中の食事はエサを通りこして、再びつっ走るための燃料補給に近い味気なさである。

一時間の食事時間中には、衣裳の手入れ、化粧なおし、その間にインタビュー取材なども加わるから、食事をする時間はほとんどなく、手っとりばやいラーメン、ソバのたぐいを、化粧台の前であたふたとすすりこむ。ロケーション撮影の現場での昼食はハンコで押したごとく駅弁か、スーパーマーケットのお弁当。徹夜仕事には握り飯か、のり巻きが支給される。一見、華やかな「スターだ」「女優だ」といってもしょせんは肉体労働者で、よほど頑健な身体の持ち主でなければつとまらない。したがって、売れる女優ほど食べるヒマがないから、四六時中、慢性欲求不満という病気にかかっている、ということである。

女優時代、ロクなものが食べられなかった私は、あわよくば、どこかの大金持ちと結婚をして、食前食後にも山海の珍味を食べ狂い、百貫デブになろう、とひそかに企んでいた。が、私の前に現れた結婚の相手は、なんと月給は一万二千五百円、財産はリヤカー一杯分の古本のみ、という貧乏書生で、百貫デブへの夢はあえなく消え去った。

そんな私たち夫婦が、いつの間にか、いっぱしに、美味《うま》いの、不味《まず》いの、とゴタクを並べられるようになったのは、生前、可愛がっていただいた、いまは亡き梅原龍三郎画伯と谷崎潤一郎先生のおかげである。

鯛のおつくり、ぼたん鱧《はも》、と、日本料理びいきの谷崎先生は、「中国料理ってのは、ゴミためみたいですなァ」と仰有《おつしや》り、キャビア、フォアグラが大好物で、フカのヒレの煮込みをこよなく愛した梅原先生は、「日本料理は、ひたすら風を喰ってるようなものだな」と仰有って、頑として御自分の嗜好を押し通されたが、両先生の間をピンポン玉のように往復して御馳走になっていた私たちは、超一流の「ゴミため」も「風」も充分に堪能させていただいてシアワセだった。

私は今年七十歳を越えた。七十年も食べ続けてきて、さて、私のゆきついた好みの味は？　とあらためて考えてみたら、われながら妙なものばかり、例えば魚なら、おなかの部分。

牛なら、舌か尻尾。

鶏なら、皮かキモ。

豚なら、豚足《とんそく》。

羊なら、骨つきロースト。シャンク（すね肉）。

と、穴居人間さながらで、梅原、谷崎、両先生の優雅にして高度な食味教育のかげもかたちも見当らない。

私は今日も「ウマイ、ウマイ」と、骨つき豚足をしゃぶっている。


（『ノーサイド』一九九六年五月号）

サラダはいかが

*あれもおいしいこれもおいしい

私達夫婦は、お互いの仕事が時間的に大変不規則なため大体が「すれちがい」の毎日である。たまに二人揃ってわが家で食事を、と思ってテーブルの前に坐ったとたん、電話のベルにかわるがわる呼び出され、味噌汁は冷え、お茶漬けはふやける。これでは呑みこんだ食物も満足に胃の腑に納まらず「えーと、今晩は何を食べたっけ」などと思い出せないことも往々である。そこで半分は必要に迫られ、半分は短かい共通の時間をやりくりしての憩いの場所はというと、外での食事ということになる。幸か不幸か、美味《うま》い（そして安い）ものを食べることには両方とも絶対の興味をもっているので、ひまさえあれば美味いもん訪ねてあちこち歩きまわるのである。二人とも大体辛いもの、それに野菜が好きなので「イタリアン・サラダ」をはじめて喰べた時は狂気した。二回、三回とサラダにひかれて通ううち「もっと辛いといいな」「玉ねぎが足りないな」「にんにくがもっと入ってるといいな」それじゃ一つ家で作ってみようよ、ということになってこれを台にして自分たちの好みを取り入れて二人でサラダ製作にいそしんだ。以来「イタリアン・サラダ」はわが家の料理の一つになり、来客にも喜こばれ、たまにはブドー酒のコップなどを並べてイタリア気分にひたっている。私の想像による、そして創造したサラダをここに紹介すれば、

　二人前として、サラダ菜三個（レタスに非ず）、玉ねぎ一個、ピーマン一個、トマト一個、サラダ菜は一枚ずつきれいに水洗いして手で適当にちぎり水をきる。ピーマンは細い輪切り、玉ねぎもうす切りで水にさらす、トマトは皮をむいて適当に切る。今度はソース。サラダオイルと酢ほぼ同量、にんにくを好みだけ下ろし金で卸す。赤とんがらし三本位をみじんにたたく。塩、こしょうで味をつけ、よくかきまぜる。野菜を大皿に盛り、上からこのソースをかけるのだが、その上に罐詰のアンチョビ（しこいわしの塩漬け）を半分程、サラミを十枚程うすく切ったものを乗せるのが、このサラダをひどく美味いものにするこつである。食べる前によくまぜてお皿に取り分ける、これでおしまいである。野菜は約七十円、アンチョビが半分として七十五円、サラミ百円だから、二百五十円程で二人前たっぷりというわけである。お店で食べるちょうど半分の値段であるが、お店で食べればテーブルには花が香り、音楽もあり、白い上衣のボーイさんはお行儀がよくて、奥さんはまったく手をわずらわすことなく出来上がったサラダが目の前にスイと出てくるので、まあ高いのは「ふんいき代」とで

もいおうか、これもなかなか捨てがたい気分である。松山は食い気の上に慾気まで出して、材料までも家でまかなう気かサラダ菜の種を買ってきてせっせと庭にまいていたが、地味が悪いのか犬がふみしだいたのか、ついに芽は出なかった。

（『婦人公論』一九五八年二月号）

おせち料理の郷愁

小さい時から働いていた私は、自分の家でお正月をすごした記憶がない。人々がおこたの中で除夜の鐘を聞くころ、私はいつも夜汽車にゆられていた。元日からの地方の映画館のごあいさつ旅行である。だから各地方のおぞう煮の味は知っていても、わが家のおぞう煮やおせち料理の味は知らない。おせち料理への連想は家族たくさんの家庭の風景である。おばあちゃんやおかあさんが暮れのうちに手間ひまかけてこしらえた料理をお重にぎっしりとつめておき、お正月中家族がふたをあけては楽しむ。そのおせち料理の習慣も、世の中の変化につれて、やがては一家だんらんの姿とともに自然に消滅してゆくのだろう。

おもちやおせち料理ににが手なわが家では、暮れに牛肉や鶏をたくさん買いこんで冷蔵庫にいれておき、元日からスキヤキや水タキを食べている。夫婦ともに肉気と生野菜が好物だし、それにもあきると中国料理店へ飛んでゆくからやっぱりおせち料理には縁がないし、食べたいとも思わない。そのくせ、デパートのおせち料理売場に出かけて行ってキントンや黒豆をながめてくるのは、一体どういうことだろう。好ききらいを別にして、おせち料理は私にとって一つの郷愁のようなものなのかも知れない。

（『朝日新聞』一九六四年十月九日夕刊）

うちのお正月

世間には、正月の過ごし方ひとつにも、いろいろな意見をもっている人間がいるのだろうが、わが家ほどシマリのない正月を過ごしている家はないだろうと思う。玄関にはカギを下ろし、顔も洗わず、寝まきのままで一日じゅうマグロのごとくゴロンと寝そべって、年始にまわるでもお客をするでもなく、世の中の習慣、約束ごとのすべてを無視して、いや、ごかんべん願って、ただひたすらにダラケきって日を送る。

正月は、つね日ごろ、日曜祭日カンケイなしにだらしなく働いている私たち自由業夫婦にとっての〝まとまった休日〟というのが、長いあいだの習慣になっているのである。したがって、食事なども空腹をおぼえればムックリ起き上がってスキヤキをカッ食らったり、豚汁をすすったり、と、まるで正月らしい雰囲気も情緒もあったものではない。といっても、夫婦ともども大正生まれ、元旦には人並みに雑煮くらいはチャンといただいている。モチの苦手な私の雑煮椀の底には、郵便切手ほどのサイズの

＊あれもおいしいこれもおいしい

モチが二個沈んでいて、雑煮というより吸いものの類いだが、当人は、それでもじゅうぶん〝新年〟を味わっているのだから、いっこうにかまわない。ただ、一家の主婦の義務として、常に三通りほどの雑煮の材料だけは用意して、不意の御用にそなえることにしている。

第一は、コブとカツオのだし汁で、具にはシイタケ、三つ葉、かまぼこ、ソギ柚子のあっさりとしたもの。第二は大根、ニンジンの千六本のたっぷり入った関西風白ミソ仕立てのもの。第三は鶏のガラのスープに、具は鶏肉、シイタケ、春菊などの若向き雑煮である。おせち料理も、わが家ではせいぜい数の子と黒豆ていどでお茶をにごす。おせち料理というものは、せめて正月中くらいは、主婦が台所でドタバタしなくてもすむように、また急の年始客のために用意されるものなのだろうが、いまの世の中には冷蔵庫などという便利なものもあって、買いおきがきくから、暮れのうちにウンウンいって豆を煮こんだり、ゴマメを炒ったりする必要もなくなった。しきたりのうるさい大家族の家の主婦は、おせち料理作りで疲れ果てて病気になったものだ、などという話をよく聞くが、いまの若い人には信じられないことだろう。

暮れになるとデパートでは〝おせち料理一式〟が一見おいしそうに美しくつくられて売られるが、味のほうはあまり信用できないし、私としてはデパートでおせち料理をそろえるのは、なんとなく心が入っていないようで気がすすまない。

おせち料理の種類は、黒豆、きんとん、かまぼこ、ゴマメ、結び昆布、くわいの煮つけに、数の子、煮しめなどで、いずれも口取り程度だが、とくに若い人にとっては、一度はきいても二度はきかないメニューだろう。昔ながらのしきたりにこだわらぬなら、いっそ趣向を変えて、中国風の前菜に、焼売《シュウマイ》、ザーツァイ、それに暖かい肉まんじゅうなども、実質的でしゃれていると思うが、どんなものだろうか？　洋風なら、重ね重箱に、ハム、ソーセージ、ミートパイ、そしてポテトサラダにアスパラガスくらいを詰めておけば、空腹のお客が飛び込んできても、主婦が台所へすっとんでバタバタしなくてすむ。

私が正月の食事に気をつかうのは、中身よりむしろ器のほうで、これだけはなけなしの食器類を総動員させて、なんとか正月らしい体裁をととのえるために苦心サンタンをする。たとえば、いつもと同じカン詰めのアスパラガスひとつ盛るにも、塗りものの菓子鉢に入れて懐石用の竹のハシをそえてみたり、つねには食卓にはビニールのテーブルクロスなのに、とっておきのめいめい盆を持ち出してみたり、と大わらわである。めんどうくさいことはめんどうくさいが、そこがそれ古女房の悲しさである。じつをいえば「旦那殿、また新年がきましたゼ。主人たるもの心をあらたにセッセセッセと奮励努力せよ」というデモンストレーションにほかならない。

私が正月用の食器で好きなのは、たっぷりとした雑煮椀と重ね重箱である。この二つは正月だけでなく、一年を通して使用する。冷たい感じの磁器の食器の中に朱色のお椀が入ると、食卓はほんのりと色気が加わって楽しいものになる。雑煮椀は、あるときはトロロ用に、あるときは煮物椀に、あるときはカヤクご飯の器として、一年じゅう忙しい。塗り椀は美しいうえに、手に持った感触がよいし、熱は通さないし、実に便利な食器である。椀は汁気のある料理に、フタもまた格好な取り皿になって調法このうえない。たっぷりとした雑煮椀だけはフンパツしていいものを買っておきたいものである。

食器というものは、なにしろ三度、三度使う物だから、コリ出せばキリがなく、いいものは、しぜんと高価なので困るが、だいたい食事に必要なものをと考えてみると、

どんぶり（大・中・小）
大皿（大・中・小）
塗り椀（五個）
中皿（五枚）
小皿（五枚）
飯茶碗（五個）

鍋料理用土鍋
鉄鍋

と、これだけあれば、たいていは間に合うものである。日本食と限らずとも、たとえばどんぶりにサラダを、大皿にローストビーフを、雑煮椀にはシチューやスープを、という使い方をするのも、かえってモダンでおもしろい。私は食器に行き詰まると、コーヒーカップにオードブルを入れて、ズラズラと食卓に並べたりするが、西洋のまごとをしているようで楽しいものである。

私の家の食卓は六人用で、イスは六脚だが、経験からいうと、お客をする場合は、ホストとホステス、つまり主人側二人と客人二人、つごう四人くらいが、主婦の肉体的、精神的サービスの限度ではないかと思う。それ以上の多人数だと、テンヤワンヤの大騒ぎとなり、呼んだ呼ばれたという〝落ち着いた雰囲気〟とは、ほど遠い、ただ〝ものを食う会〟になってしまう。そんなときには、私は食卓の上に大皿を並べ、サラダや冷製の肉、のりまき、煮しめなどを盛って、ビュッフェスタイルにしてセルフサービスにまかせてしまう。

日本の家庭では、家が狭いこと、食器が揃わぬこと、大勢の客あしらいに不慣れなこと（つまり、主婦に社交性がないこと）などで、つい、お客をレストランや料亭へ呼んでしまうが、外国人は家庭に呼ばれて、家族ぐるみのサービスをうけることを最高に喜ぶ。私たち夫妻はいつかニューヨークで、ジャーナリストの家庭に呼ばれたことがあるが、日本の中流どころの小さなアパートで、奥さんの手料理の、たった一品こっきりの肉料理と野菜、チーズとパンとデザートだけの、つつましいメニューだったが、食卓につくと同時に部屋の灯りが消されて、食卓のロウソクに火が点ぜられて、なんとも楽しい食事になった。この広い世界の一隅で、あなた方二人の日本人と、私たち二人のアメリカ人が、ひっそりと仲良く食事をしている。

そんな雰囲気を盛り上げるために、キャンドルディナーという演出がされたのだろう。毎日のレストラン料理にうんざりしていた私たち夫婦にとって満足このうえなしの、忘れられない一夜になった。お客をする心がまえは、懐石料理の作法に詳しいが、要は、料理そのものよりも、お客に対する心遣いこそが何よりのごちそうになることで、外国も日本も変わりがないことだとつくづく思う。まして、正月だからといって、ごちそうにお金をかけたり、大金を投じて、けたたましいおとその道具を買いこんだりする必要はない。そんなことより、名前入りハシの袋を用意するとか、ハシ置き代わりに庭の南天の小枝を使う、といった心遣いのほうが、正月用の演出としては効果があるのではないだろうか！

重ね重箱も、正月用に、ヒナの節供にと便利な器だが、私は一年じゅう出しっ放しにして愛用している。夕方の時間がないときは、早めに冷たい料理や、ちらしずしや、上段には菓子まで入れて重ねておき、客人の目の前でパッパッと並べて、ビックラさせては、ひとりエツに入っている。少し気どったスキヤキをするときは、一段に肉を一段に野菜を一段に豆腐やしらたきを入れて、食卓に持ち出すこともある。食事がすんでも、また元のように重ねれば、持ち運びもかんたんで、日本のグッドデザインのナンバー・ワンだと信じている大好きな器である。

重ね重箱は、室町時代の〝食籠《じきろう》〟から転じて作られた器で、祝儀、不祝儀の配りものを入れたり、正月や三月の節供に料理を詰めて客にふるまったり、そしてまた、徳利、杯、小皿、お重と一式が揃って〝手さげ重〟になっているものは、いまでいうピクニック、花見や遊山に欠かせない道具のひとつであったに違いない。緑の木陰に赤い毛氈《もうせん》を敷き、蒔絵の手提げ重を広げる。なんと優雅な食事だろう。いま流行のバーベキューやサンドイッチの味けなさがしみじみ情けなくなる。

美術館や美術骨董店を訪ね歩いてみると、重箱にも、三重、四重、五重といろいろあって、色も形もさまざまで、蒔絵、梨地、見込みに模様のあるもの、螺鈿《らでん》細工や、金銀の象嵌《ぞうがん》など、細工師の心ばえがこちらの胸にも通ってくるほど楽しく、重箱というものが昔の食生活に、どんなに便利重宝されていたかわかる。なんのかんのとゴタクを並べたが、重箱は使ってみてこそ、そのよさがわかる。デパートの食器売場のプラスティック製では少々寂しいが、ないよりはいいし、あまり値のはらない春慶塗のお重も清潔で軽くて使いやすい。思いつくまま、断片的に私の正月料理を書き散らしたが、こんどはちょっと気どって、私風の懐石料理のメニューをつくってみたいと思う。あくまで素人の、それもケチの精神たくましい一主婦のメニューであることを初めからお断わりしておく。

まず、お年寄りのお客さまを迎えるなら、

向付　ふろふき大根
汁　すっぽん汁　さらしネギ
椀盛　うずらのたたき団子　凍り豆腐　生ゆば　焚きあわせ
御菜　真魚鰹《まながつお》　てり焼き
箸洗　梅肉仕立　梅花一輪
八寸　栗ふくませ　からすみ　半じゅく卵

この中で値の張る材料は、すっぽんとからすみである。しかし、その味のまろやかさと栄養の高いことで、ぜひお年寄りへのサービスとして加えたい。梅肉は、どこの家の台所の片すみにでもある〝梅干し〟の実で間に合う。

そして、食欲旺盛な若い人には、

向付　スモークサーモン　レモン

汁　さらし鯨　ニンジン　長ネギ　莢《さや》隠元　椎茸　千切り
椀盛　八つ頭　海老団子　春菊
御菜　鯛あら　山椒焼き
箸洗　蓮の実　針生姜
八寸　雛鶏たつた揚　おくら　銀杏　から揚

と、モダンでボリュームのある料理で終始したい。このなかで、値のはる材料はスモークサーモンだが、日本の質の悪いものより、外国製の良質のカン詰めのほうがよい場合もある。茶懐石となると、半分は器や道具を楽しむものなので素人にはなかなかとっつきにくいが、これも〝りっぱな、揃いの器でなければ〟という観念を捨てて、もっと自由な食器の選び方を考えてもいいのではないかと思う。八寸に使う杉生地にしても、到来物の羊羹《ようかん》の箱の蓋を洗いあげて、半紙を敷いても間に合うし、皿、小鉢も寄せ集めでいけないということはない。杯もグイのみ、猪口《ちょく》、塗りものとバラエティーに富んでいるほうが、かえって楽しい。料理は、懐石に限ったことではないが、熱い料理はあくまでアツアツに、冷たい料理はあくまで冷たくという、ごくかんたんな常識さえもっていれば、それがおいしさに通じる〝心の入った〟ごちそうになる。いい年をした男性が、いつまでも〝おふくろの味〟に郷愁を感じるのも、子供のころ味わった料理に母親の愛情が加味されていたからだろう。煮ればよい、炒めりゃよい、揚げりゃいいんでしょといった、ふてくされた調子の料理にはまるで心が感じられないものである。

私は、八百屋や魚屋の店先にがんばって真剣な眼つきで材料を選んでいる主婦を見ると「この女の料理は、おいしいだろうな」と思う。料理する心には、ウーマンリブもハチの頭もないようである。

（『瓶の中』一九七二年）

タクアンの思い出

＊あれもおいしいこれもおいしい

ある監督さんが、こう言った。

「演技者というものは、普通の人間がタクアンを臭《くさ》いと思う、その二倍も三倍も臭いと感じなければならない」

感受性についての教訓だったが、例にタクアンを引いたところが、いかにも実感にあふれていて、まわりから小さな笑い声が起こった。私は、その言葉を聞きながら、子供のころのタクアンの思い出を、フッと胸に浮かべ、そしてかみしめてみた。

蒲田の小さな貸家だった。

茶の間には暗い電燈がともって、夕食のちゃぶ台が出ていた。父と母が何か激しく言い争っていて、七歳の私は、じっと身をすくませて小さくなっていた。母が不意に立ち上がって、泣きはらした目をエプロンで押えながら、台所へ入っていった。私もしようことなしに、モジモジと立ち上がって台所へ行った。

トン、トン、トン、母はまないたの上でタクアンを切っていた。ドンブリに入れようとして、タクアンをつまんだ母の手に、タクアンが全部つながってダランとたれた。それを見た母の顔が、泣き笑いに吹きだして、私も救われたように笑いだした。まるで、当時の蒲田映画をみるようで、おなかの底から笑いがこみあげた。

父母がどんな理由で争いをしたのかも、その後、親子三人で食事をしたのかも、私はおぼえていない。ただ、あのつながったままのタクアンだけが、妙に印象に残っている。

世間の人は、私たち俳優は、いつもごちそうばかり食べていると思うらしいが、撮影中は、ロケなら駅弁、でなければ、撮影所の食堂のカレーライス、てんやもののラーメン、もりそばの類である。

それも毎日となってはゆきづまって落ちつく先は、おにぎりかお茶づけである。それも近ごろはやりの、一口おにぎりなどというしゃれたものではなく、のりで包んだ大きなタドンのようなヤボな代物である。撮影の仕事は精神的にも肉体的にも重労働である。まず体力が必要である。加山雄三氏が四回食事をするのは、ちっとも不思議ではない。昼食時には、スタッフ一同、待ちかねたようにエネルギーのもとをつめこむのである。

司葉子さんのような美人が、おにぎり片手にタクアンをポリポリかじっている様子は、何やらものがなしくこっけいだが、それもこれも、仕事の激しさが要求するのだから仕方がない。

しかし、写真は、みた目よりふとって写るものであるから、ふとる性質の人は、節食をしなければならない。目がまわるほどおなかがすいても、サラダと牛乳くらいでがまんをするのは死にそうにつらい。まったく、らくをしていては、お金がとれないものである。

昔、東北へロケーションに行ったとき、撮影のあいまに休ませてもらった田舎家で、お茶うけに出されたナスの塩漬けのおいしかった思い出も忘れられない。

八十歳くらいのお婆さんがそばに座っていたが、私が田舎娘の衣裳をきているので、俳優だとは思わなかったらしい。東北弁で淡々と世間話をしながら、ウチワで風を送ってくれた。私もおぼえたての東北弁で、くすぐったい思いをしながらも、のんびりとお茶をすすり、ナスの漬けものをつまんだ。

俳優であることも何もかも忘れて、あんななごやかなふんい気を楽しんだことはない。砂漠のオアシス——まったくそんな気がした。

終戦直後、私がアーニー・パイル（今の宝塚劇場）で歌っていたとき、ステージがすむといつも進駐軍の兵士たちが、ドッと楽屋へ訪ねてきた。浅黒い皮膚で、日本人の顔をしてアメリカの軍服を着た人たちに、母が、

「あなた方、いったい何人《なにじん》なの？」

と、聞いた。ハワイやアメリカの日系二世という存在を、私ははじめて知って、自分のものの知らなさかげんを恥じた。そして、「おにぎりとタクアンが食べたい」という言葉に、二度驚いた。

彼らは、アメリカで生活をしていても、一日に一度は米食をするらしい。外国にいついている日本人は、内地にいる日本人より、もっと日本人なのであった。母の作ったおにぎりは、おおぜいの二世軍人を喜ばせたものだった。

ナスの塩漬けの思い出も遠くなり、つながったタクアンも昔話になった。「思い出はなつかしむもの、溺れるものではない」とは、私の持論だが、喜びも悲しみも、一つ一つ重なり合って人間をつくる。どんなささやかな喜びも、どんな大きな悲しみも、かみしめて自分のものにしてゆくことである。とるに足らぬタクアンの思い出でも、私には、なにかにつけて、なつかしく思い出されて、私はそのたびに、強力ビタミンでものんだように、しゃんとするのである。

思い出と現在は、常に違ったものでありたい。昨日より今日、今日より明日に、たとえ、一歩ずつでも前進していたい。が、振り返って、自分をいとおしむ心の余裕もほしい。ちょうど、おにぎりとタクアンの切っても切れない縁のように。

（同前、一九七二年）

＊あれもおいしいこれもおいしい

夜中の一パイ

昔、私は一滴のお酒も飲めなかった。私は酔っぱらいが嫌いだし、お酒なんて飲むだけ無駄だと思っていた。

ある日のことだった。木下監督に「日本酒が飲みたいヨ」と言われて、お酒と全く縁のなかった私と二人の女中さんは飛び上がって驚いた。とにかく一人は酒屋へ、一人は隣家へトックリとおチョコを借りに走った。ところが三十分たっても一時間たってもお酒が現われない。私はしびれを切らせて、台所へ立っていって驚いた。ガス台に大きなご飯蒸しがかかっているのである。おカンをつけることを知らない彼女たちがお酒の入ったトックリをご飯蒸しで蒸していたのである。茶碗蒸しじゃあるまいし。

私はその時生まれてはじめておカンをつけた。「おカンは人肌に」とつぶやきながら。ところが、そんな私が後に大酒のみの男と結婚してしまったのである。夫は夜な夜な友人を連れてきて必ず一コン傾ける。三分ほどで食事を終えた私は夫がながながと杯を傾けているのをただ眺めているより仕方がない。毎晩それをくり返しているうちに、私はだんだんアホらしくなってきた。そして決心したのである。「よし、私も飲んでやるぞ」と。

一年経ち、二年経つ内に私はいっぱしの飲んべえに成長した。それどころかお酒がおいしくてたまらなくなったのである。家に酒ともだちが出来たせいか、夫はだんだん友達を連れて来なくなり、夫婦だけの深夜の酒盛りが我が家の習慣になった。夕食のあと、夫はひとしきり仕事をする。そして夜中の十二時すぎからその日のしめくくりの一コンが始まるのである。夫はブランデーの、私はウイスキーのコップを前にして、今日の出来ごと、明日のプラン、と話はつきない。「隣り近所の泥棒の番をしているようだ」と言いながら夜が明けてしまうときもある。よく倦きもせず話があるものだと言われるが、話があるからお酒がうまいのか、お酒があるから話が出るのか知らないが、とにかく深夜の酒盛りは生活を楽しくする。

私は奥様方にぜひおすすめしたい、家族が寝静まったあとで旦那様と一パイおやりなさいと。お酒を出されて怒る夫はこの世にいない。但し女房は夫の話相手になるべく勉強が必要だ。話題があれば話は四方山に広がってゆく。お酒は身体に毒だというが精神衛生上は絶対にない。「お酒を飲めない人はどうするの」って？　それなら甘いものでも召し上がれ。深夜、夫婦向かい合って葛ざくらのアンコをなめているなんて、なかなかオツな図ではないかしら。

（同前、一九七二年）

世界食べある記

なんでも食べた私たち夫婦

「なんでも食べましょう」というと、なんとなくイカモノ食いのようにきこえるが、私たちが短かい旅行日程で、フランス、ドイツ、ハンガリー、オランダ、スウェーデン、イギリス、スイス、イタリア、と走りまわって、へたばりもせずに生きていられるのは「なんでも食べましょう」主義で、その国の食べものをなんでも受け入れ、味わい、楽しんでいるからだ、と思う。

偉い人たちの中にも、旅行先の大使館からオムスビや幕の内を出前させる人があるらしいが、明治の生まれだから仕方がない、と片づけるには、せっかくの海外旅行なのにもったいない、と「なんでも族」の私たちは残念でたまらない。

私たちも日本の食べものがほしくないことはないのだが、どうせ日本に帰れば食べ

*世界食べある記

られる、という余裕のある気持と、日本料理以外の食べ物をなんでも受け入れる、至ってユウズウのきく胃袋を持っているおかげで、行く先々の料理を期待できるだけでも旅行の楽しさは倍になる。

「食べもの一つでその国の文化がわかる」とよくきくが、全く百聞は一見にしかず、でなくて百聞は一口にしかずというか、新しい国にはいって、見たこともない料理を一口、口にふくんで味わう瞬間の楽しさは格別である。

チーズはフランスのお漬け物

「なんでも食べる」というと、まずフランスを思い出す。それは、この前の旅行のときにマルセイユから日本へ船で帰ったときの二十九日間のメニューである。ある日はビフテキが出るかとおもうと、ある日は牛の舌が出る。牛のしっぽのスープが出たかと思うと、ゾウモツの料理が出る。ノーミソの煮込みのつぎにはあばらの骨つき肉が現われる。なんのことはない。船が出帆するときに牛を何頭か積み込んで、それをあますところなく料理して食べさせられている、ということである。ノーミソだけは、あの白いグネグネしたままの形で出てくるのでちょっと閉口だったが、あとはなんとなく胃袋に納まってしまった。

私がフランスでいちばんおいしいと思うのは、なんといってもチーズである。チーズは何十種、何百種とあるので、とても全部をためすことはできないが、ブドウの種で外側を固めたのや、カマンベールというトロリとした柔らかいのや、青カビのはいったゴルゴンゾラは大好物である。フランス人の食道楽は有名だが、食事の終りには必ずといっていいくらい、チーズを食べる。何種類かのチーズを好きなだけ自分のお皿に取って、パンを片手に赤ブドー酒で食事の仕上げをする。日本のごちそうのあとの「お茶づけ一杯いかが？」と全く同じことである。チーズは食べどきがあるから、パンを買うときに、その日に必要な分だけを買うのだが、「カマンベール、今晩のを」と言うと売子が幾つか指の腹でキュウキュウと押してみてよさそうなのを選んでくれる。直径十五センチくらいのが百五十円ほどだから、四、五人分のおつけものには格好である。フランス人に「なくてはならないものは？」と聞いたら「チーズとブドー酒」と答えること受けあいである。

毛をむしった豚のすねと格闘

ドイツの代表的料理はアイスバイン。さてどんな珍しい料理が出てくるだろう、と胸ときめかせて、ナイフとフォークを前に待ちこがれているとデブの給仕が持ってきたお皿を見てギョッとした。うす桃色のデコボコの肉塊が一個のっかってお皿からはみ出すような格好で湯げを立てている。とりあえずフォークでつついてみたが、ビクともしないので気味が悪くなってきた。一言でいうなら、ひざっ小僧のうでたてである。豚のすねの毛をむしって塩うでにしたものだそうだが、その色ぐあいといい、大きさといい、どうしても人間のそれを思い出さずにはいられなかった。エイ！　とナイフを入れてみたら、半インチほどは油で、その中から桃色の肉、その中から真白い骨が出てきた。肉はサッパリとした味でよかったが、油のほうはベロベロして、さすがに二口、三口、しか食べられなかった。あっちへ転がし、こっちを突っつきしている最中に、石川五右衛門の釜ゆでが頭の中をかすめたのにはわれながら驚いた。アイスバインはほどほどにして、じゃがいもでおなかをごま化した。気味が悪いといえば、もう一つ、ドイツでこんな思い出がある。ある日、松山と二人で通りすがりの小さなレストランへはいったときのことだった。メニューが全然わからないままに、ベーコンという字を見つけたので、日本のうすく切ったベーコンを想像して注文した。出てきた料理は、なんと厚さ三センチ余り、葉書大くらいのベーコンが二枚もお皿にのっかっていて、おまけに太い豚の毛がピュッピュッと立っている。豚の毛を指でつまんでひっぱってみようか、どうしようか、と考えているうちになんだかいや気がさしてきて、ベーコンはあきらめ、じゃがいもだけでがまんした。じゃがいもはドイツの主食だが、塩うでも、マヨネーズあえも油あえも実においしい。大皿に山盛りのじゃがいもをドイツ人がシチューやソーセージをおかずにしてペロリと平らげるのは壮観である。

肝と牛肉を混ぜたような鹿の味

ハンガリー料理のこつはパプリカの使い方一つである。パプリカチルケというパプリカで鶏を煮込んだ料理はごく普通の家庭料理だが、私はすっかり気に入って、どこのレストランでも「パプリカチルケ！」を連発した。パプリカの輸出量はハンガリーが一番だけあって、香りも味も上等だった。

オランダは、日本のように生の魚を食べるそうである。おさしみなんかにせずに、小魚の尻尾をつまんで、上向きに大口をあき、ポトリと落としてムシャムシャとやる。私は敬遠させてもらって青豆とソーセージのスープをもっぱら愛用した。青豆とソーセージの切ったのをコトコトと煮て、塩味をつけたごく簡単な家庭料理である。

ヨーロッパで珍重されるのは、鹿と兎と猪だが、私は鹿がいちばん好きだった。ちょっと肝と牛肉を混ぜたような味で、煮込んだりローストに作ったりする。かたつむりも好物の一つだが、一度取り出した肉を、バターとニンニクとパセリのきざんだのと混ぜて、またからにつめて天火に入れる。タニシのようなぐあいでシコシコしておいしい。かたつむりといってもかなり大きいから、前菜に六個も食べれば充分である。

さすがにおいしいバイキング料理

スウェーデンのバイキング料理は、このごろ東京にも二、三料理店があるが、本場のバイキングはさすがにおいしい。大テーブルの上にちょっとくん製した鮭、キャビア、ハム類、えびその他の魚類、ソーセージ、野菜サラダ、それに暖かい料理やデザートまでがいっしょにのっていて、お皿を何度も取り替えながら好きなものを自分で取って食べる。メニューとにらめっこをするのがきらいな人にはいちばん便利な料理だろう。スウェーデンには「パンカカ」という家庭料理があって、これは簡単な昼食用にちょうどいい。卵とうどん粉を練ってひき肉を少し入れ、バターでうすく焼いたものにジャムを塗って食べる。

イギリスでは、お国料理のローストビーフのおいしいのを、とあちこち食べ歩いたが、どこも味は極上というわけにいかず、少々失望した。イギリス人の質素にしてかつ静かなことといったらレストランへ行っても話声一つきこえない。

チーズとニンニクのスパゲッティが好物

イタリアの名物は、いわずとしれたスパゲッティ。スパゲッティ、マカロニ、日本のキシメンのようなフェトチーネ、天使の髪の毛といわれるベルミセル、これらの料理はやはり何百種もあるそうだが、すべて前菜である。スープかスパゲッティ類をまず食べてから肉か魚を食べるのが普通である。スパゲッティにもあさりのはいったもの、トマトソースのもの、ひき肉入りのもの、ニンニクとパセリだけのもの、といろいろある。マカロニというのはイタリアの悪口の一つで穴があいていて、つまりアホウということだそうである。スパゲッティは日本のようにゆですぎず、シコシコして歯ごたえのあるのをよしとするらしい。グダグダのスパゲッティは残りものとされてつき返しても文句はいわれない。スパゲッティ用になくてはならぬものはトマトで、これは保存用に、八百屋の店先に、ほおずきのような小さな真っ赤なトマトが房になってブラ下がっている。干してしなびてしまってもお湯でもどしてトマトスーゴ（スープをにつめたもの）にすることができるそうで、スーゴ作りのうまい女性は家庭向きといってほめられる。イタリアは、スパゲッティのほかに、カネローネ、ラビオリ、ピッァパイなどと、うどん粉とチーズを使った料理が多いせいか、女性は二十歳を過ぎるとメキメキ太り出してくる。日本人にはおよそ想像もつかないように丸くころころと太ったおばさんが、楽しげに皿を前にして、フォークに巻きつけたスパゲッティを器用に口に放りこんでいる風景はユーモラスである。松山はチーズとニンニクのはいったローマふうが好きなので「スパゲッティアリオリオ」と注文すると、ボーイが「ローマ人のようだ」と大きな手でバン！　と肩をたたいてニッコリする。イタリアのボーイはみんな大きな声で明るくほがらかだ。

世界の料理をわが家で作ろう

しかし、どこの国へ行っても、食器といえば例外なくナイフとフォークとお皿が並ぶ。かわりばえのしないそのうえに、アイスバインのような見ばえのしない料理でも出てくると、日本の皿、小鉢の繊細な美しさがつくづくなつかしく思われる。日本料理ほど目と口と両方で楽しむ料理はない。そして日本ほど、居ながらにして世界じゅうの料理を楽しめる国もないだろう。

しかし、ほんとうに料理を楽しむのはけっしてレストランではなくて家の中ではないだろうか、外国では旦那さんが台所へ顔を出すのはけっして珍しいことではない。お皿を洗うためでなく料理を手伝って楽しむ旦那さんがたくさんいる。家じゅうが料理に興味を持てば、食事の支度に追われる奥さんの気持はもっと違ったものになってくるだろうと思う。せっかく世界じゅうの料理があるのだから、奥さんもどんどん外を出歩いてなんでも食べて試食をし、研究して、自分の家で作るようにすれば、世界の料理わが家にあり、でこんな楽しいことはない。レストランにない味を自分で出す楽しみはミセスのものである。そしてレストランの何分の一のお金で一家じゅうが楽しめれば、旦那さんのサイフも奥さんのごきげんも子どもさんの栄養も満点で「なんでも食べましょう」バンバンザイである。

（『ミセス』一九六三年六月号）

香港の衣食住

シナリオ・ハンティングで、一週間、香港へ行く主人のお供で、私も思いがけず香港旅行ができることになり、旅行カバン一つの身軽さで飛行機にとび乗った。

東洋の真珠といわれる香港は、羽田からジェットで三時間半、旅費は往復で十万円。観光旅行ブームもそろそろ海外進出に及ぶきょうこのごろには、なにかと格好なところである。日本も、やっとミスター、アンド、ミセス、の単位で呼ばれるようになったいま、奥さんの海外旅行も夢ではない。もしさいわいにして外国旅行の機会を持つことができたら、それを単なる海外旅行の興味だけに終わらせず、日本の短所は反省し、長所は守り育ててゆき、そして外国の長所はどしどし吸収してゆくことがたいせつだと思う。

さて、三時間半はまたたく間にすぎて、飛行機は急激に降下しはじめた。

私たち日本人と同じ目の色、髪の色を持つ中国人の多い香港は、九龍《クーロン》の飛行場に下り立っても特別に外国へ来た、という感じがない。私たちは少ない時間を惜しんで白タクをやとったが、その運転手さんが「馬《マー》さん」という名前なので、馬が自動車を運転するような気がして妙な気分になった。馬さんは背が低く、やせっぽちで栄養の足りなさそうな中国人である。片言の英語ができるが、いっしょに食事をするときも、静かで遠慮がちで恥ずかしがりで、すこしかなしそうな表情で、目をパシパシやりながら、ポッポッと私たちの問いに答える。車を運転しているとき以外は、いつもモジモジと身の置き場がないといった風情の彼を、私たちはだんだん好きになっていった。そして、馬さんの車に乗って、一日、二日と香港を見るにつれて、香港の魅力にもだんだんと引きこまれていった。

香港は英国領なので、街は整然として美しく、緑の木立ちの間に英国風の建物が品よく白く光っている。メーンストリートに軒を連ねるおびただしい宝石屋と布地屋。チェッコのガラス、フランスの香水、刺繡製品、各国の高級品がきそって観光客の足をひきとめて放さない。しかし、人間というものはアマノジャクで、あまりに豊富な品物を目にすると、かえって購買意欲が減退するのか、なにも買いたくなくなるものである。買物に飽腹した観光客は、ヴィクトリア・ピークや、フローティング・レストランにひかれて香港島へ渡る。九龍サイドから香港サイドへは、白く塗ったフェリーボートが約二十円で五分間ほどの船旅を楽しませてくれる。キャメラをぶら下げた外人客を乗せて赤い洋車《ヤンチョ》が街を走る。見上げるホテルも観光客でふくれ上がってはち切れそうである。しかし、このけんらんな街から、一歩横丁へ踏みこんだとたんに、周囲の様相はガラリと一変して、もう一つの香港の姿がそこにある。せまい土地に多勢の人間がひしめき合っているのは日本同様で、どんな細い路すじも人のゆきかいははげしく、中国料理の油の匂いと、怒号のような中国語が混り合って、なにやらすさまじく騒然とした風景である。港に群れるサンパンという蜑民《たんみん》の船。そこで寝起きし、生活する人々のよごれた皮膚の色。食べもの屋台がさかんな煙をあげ、はだしの子どもが旅行者に金をねだって走る。ところきらわず吐き散らす痰、その道端に腰を下ろして、茶わんと箸をかかえゆう然と食べている人たち。天びん棒を肩にした年よりの、野鳥に似た売り声。そして、貧民アパートの窓には洗たくものの旗の波がはためいて、家族の多さと貧しさを物語っている。貧富の差のあまりのはげしさに、私たちは一種の残酷さを感じてぼう然とまわりを見まわし、追われるように歩きつづけた。

香港の人口三百万のうち、百万は中共からの難民であるそうな。難民は日々あとを絶たず、用意された難民アパートは六畳一間が一か月約千円足らずで彼らに提供されるという。その千円も出せぬ人たちは、ゆるやかな山の中腹にブリキの掘建て小屋を作って、水も電気もない生活をしている。けれど、どんなに貧しくても、香港には意外と殺人や強盗が少ない。罪を犯せば彼らは英国警察から「中共へ行くか、台湾へ行くか」と問われ、国外追放という答えが待っているからである。やり場のない貧しさの中で、彼らはなにを考え、何をして暮らしているのだろう。みはるかす山の腹にびっしりと押し並ぶその小屋の一つ一つが、何かを訴え、何かを求めて、もだえているようで、私はとても正視ができなかった。

香港の街の、そこここに、「飲茶《ヤムチャ》」という大衆食堂がある。夜はナイトクラブになるという大広間に、何十何百というテーブルと椅子があり、食事時にはこれが超満員になって一時に食事をするさまはちょっと壮観である。売子は若い娘さんばかり、肩から駅弁売子のようにひもをかけた箱をささえ、テーブルの間を縫って、小皿に盛った焼売や点心を売り歩く。客は好みの皿を好きなだけ取り、これを食べてはジャスミン茶をすする。勘定は皿の数をかぞえて払う。飲茶は手がるで値段も安く、ギョウザ、鳥のむし焼き、焼売、焼飯など、二人で食べて千円足らずである。B・Gや、会社員、家族連れなどに人気があるらしい。

中国料理の伝統はいまさらいうまでもないが、香港にも、広東、北京、四川、上海と、各種の中国料理店が並んでいる。店はどれも似たりよったりで特別に美しくはないが、料理はさすがにおいしい。「教化鶏」という、泥で鶏一羽を包んでむし焼きにした料理がある。教化とは「教育」「感化」すべき人間、つまり賤民のことで、むかし、賤民は鶏を盗み、泥で包んでむし焼きにしてひそかに食べた。それを、あるとき皇帝が見つけて食べ、あまりのおいしさに大臣を呼んで名称をきいたがだれも知らない。そこではじめて「教化鶏」という名称になり、だんだんとぜいたくな料理となった、という。なまこを六時間煮たという「大鳥参」もおいしかった。何百何千とある中国料理の味の複雑さは特別なもので、あるクラブ組織の「料理を楽しむ会」では、まず、新会員に一皿の料理を食べさせて材料を当てさせ、それに落第すると会員になれぬという。中国人はいまでも、公然とではないが、犬や猫を食べるそうで、犬は若いほどおいしく、猫は老いたほどおいしいという。「三六」という看板は、三、六、合わせて、つまり狗の意で犬である。「龍、虎、鳳」という看板は「蛇、猫、鳥あります」ということで、これは、ちょっと食べてみる勇気はないが、案外おいしい料理なのかもしれない。世界中に偉を誇る中国料理の味は、香港が一番、日本が二番と、中国の食通が折紙をつけているから、日本の中国料理はりっぱなものである。私は、食いしんぼうの主人のお供で、香港滞在一週間、十四回も中国料理を続けて食べたので、とうとう胃ケイレンを起こしてのびてしまった。

どこの国にも、その国の料理があり、その国の服装がある。香港は中国服を着た人々であふれている。セーターにスカート、スーツの女性もいるが、だいたい若いB・Gや学生さんのようだった。中国服八、ウエスタンスタイル二、というところだろうか。いまは、洋服地を中国スタイルにして、共の上着を作るのがいちばんぜいたくな流行らしく、裕福な婦人は例外なくこのスタイルであった。むかしの優雅な高い衿と長い裾は見られず、ほとんどが半袖でワンピースの長さになっている。しかし貧しい人たちは、むかしながらの長い髪をうしろに束ね、洗いざらしの黒ズボンと黒い上着に身を包んでいる。たまに色がわりの上着をつけていても、もめんの縞か花模様のプリントであった。靴下はもちろんもめん、素足につっかけをはいていた。四季の気候にそれほど変化のない香港は、夏服の中国服と綿入れの上着くらいで、一年じゅうを暮らせるらしい。香港ドルの百ドルは日本金の七千円くらいであるが、若い売子やエレベーターガールは約七千円の月給なので、ナイロンの靴下もなかなかはけないらしく、飲茶の売子もみな素足であった。サラリーマンは、朝九時から夜九時までの勤務で昼と夜食がついて、月二万七千円程の手当て、一日交代になっている。都心のアパートは、小さなリビングと二つのベッドルーム、台所、風呂で三万五千円という高値、一間のアパートでも八千円程なので、サラリーマンには到底住めず、郊外となると部屋代も半分で済むので、いまは郊外から通う人が多いとのことであった。

白タクの馬さんのおかげで、私たちは香港の陽の当たる場所と影の場所を、ざっと知ることができました。しかし、一週間の短時間では、この深い洞窟のような香港の全貌をさぐることは不可能である。「また、いつか来よう、そのときには、あれも見たい、これも知りたい」底知れぬ香港に心を残して、私たちは羽田ゆきの飛行機に乗った。青くきらめく海の中に、ポツンと浮かんだ美しい香港島も、あでやかに化粧をしたその顔とはうらはらな、その性格の複雑さ、なぞめいた魅力。この香港を、何重もの層に包まれ、はぐくまれ、プリズムのように妖しい光を放つ「東洋の真珠」にたとえたその意味が、実感として胸に来た香港旅行であった。

（『ミセス』一九六二年七月号）

香港只是一個算盤

*世界食べある記

漢字ばかりでビッシリと埋まった新聞というものは、なぜかすごい迫力がある。読めなくても字づらを追っていると多少の意味がわかるから、私は香港へ行くたびに新聞をのぞくことも一つのたのしみになってきた。しかし、いつだったか、新聞記者のインタビューに応じたとき、「ちょいとカニを食べにやってきましたの、オホホ」とキザなことを言ったら、翌日の新聞にデカデカと「日本国、爆発的、肉弾的、大女優、香港にカニ食いにきたる」と出ていたのはビックリした。

なんというおおげさな文字の羅列であろうか。これではまるでキングコングのような大女が山のごときカニを片っぱしからバリバリと食いまくっているイメージが浮かぶではないか。私はいささかガックリとなって新聞をほうり出そうとしたときに、「香港只是一個算盤」という文章が目に入った。私の貧しき憶測によれば、「香港には世界じゅうの品物があふれ、商売さえ無事息災であればこと足れりと考えている香港の人々に、もっと、教育、文化、芸術方面に心を通わせることを望みたい。でなければ香港は単なる一個のそろばんになってしまう」というような意味にとれた。その論旨の深い意味など、もちろん私には理解できなかったが、「香港はただ一個のそろばん」という文字がひどくユーモラスに見えた。観光客にとって、香港はまさに巨大な一個のそろばんだからである。香港商人と旅行者と、どちらのそろばんが食うか食われるか、といった激しい空気が、香港の街にたしかに充満しているのを、誰もが直感するにちがいない。ことに、初めて香港を訪ねた旅行者が、その一歩を踏み出した瞬間に――。

さて、羽田空港からわずか四時間余、ジェット機は九竜・景徳空港に着陸する。語尾を長くのばす広東語に迎えられ、ベンツのタクシーに乗り込むと初めて、香港へ来た、という実感がわく。香港到着早々に、「買い物天国・ノータックスの香港」のPRにつられて、さいふを握ってアタフタと駆け出したりするのは最低で、それすなわち香港側のそろばんを喜ばせるばかりで、早くも当方一点の負け、ということになる。たかぶる購買心をグッと押えて、必要以上に沈着冷静に行動を起こすことこそ、グッドショッピングのコツである。

香港の商店街は、九竜サイドでは「ネイザン・ロード」、香港サイドでは「デ・ヴォー・ロード」を中心にして八方に広がっている。あふれるほどの品物にふくらみ、ひしめいた店舗の数は、何百何千軒あるか正確にはわからないが、常にその中の何軒かが毎日のようにつぶれたり、新店になったりする激しさは日本と同様である。道を歩けば「オクサン、ワニガワ、ハンドバッグ、アルヨ」「イラッシャイ、ドウゾドウゾ」などと、あいそうのよい日本語が飛んでくる。十年ほど前に、初めて香港を訪ねたときには一言の日本語すら通じなかったものだが、今では香港のホテルやレストラン、ちょっとした商店の店員はほとんど日本語を話す。ということは、日本人観光客が香港にとっていかにそろばんに合うか、ということなのだろう。私は一年に一、二回、香港のうまい中国料理にひかれて香港参りをするが、そのたびに中国人の急速な日本語の発達に驚くとともに、香港商人のバイタリティのすさまじさを感じて恐ろしくさえなる。それにしても、日本人旅行者の、香港における傍若無人ぶりは目に余るものがある。たとえば、ホテルのフロントで「おい！　ネエチャン、鍵だ、カギ！」と大声でどなる日本人に対する中国女性の「ハイ、チョト、マテクダサイ」とあいそうのよい返事とはうらはらに、その目に浮かぶ侮蔑の光は日増しに強くなるばかりである。これがもしニューヨークだったら、そしてロンドンだったら、彼らはやはり同じ態度でどなるだろうか？　この、ごく普通の常識すら持たない、程度の悪い日本男児のおなかの底には、もしかしたら「なんだ、チャンコロ」という意識がいまだにこびりついているのではないか？　そういう意識があるかぎり、中国人はけっして心から日本人を受け入れることはないだろう。

話が横道にそれたが、香港の人々が競って日本語を習うのは、「日本語が話せることによって、サラリーのよい職場を得られること」であって、「日本人に好意を寄せる」こととは全く関係ないのである。モンブランの万年筆や、ワニ皮のベルトを何ダースも買い込むお客は、そろばんには合っても〝尊敬すべき客〟ではなく、かえって〝物の買い方も知らぬ野蛮人〟としか思われていないのである。商店に入れば、間髪を入れずしてコカコーラが現われ、たばこのサービスがある。ということは、「よきカモござんなれ」というあいさつにほかならないのに、いい気分になって胴巻きからゴッソリと日本円を取り出していばり散らして札びらを切っている日本人は、お人よしもいいところで、こっけいである。しかし、香港商人とてまた人間である。「目には目を、歯には歯を」のたとえの通り、こちらの出方一つで、限りなく柔らかい心を見せて、よき朋（ポン）友にもなれるのである。香港で時計を一個買うのと、中国人の友達を一人得ることと、どちらがいいか？　ときかれたら、私はためらわずに後者を取るだろう。

時計といえば、「せっかく、香港へ来たからには、時計か宝石の一つくらいは」というのは人情というものである。香港の街には実に時計屋と宝石店がたくさんある。

ちょっと宝石店のウィンドーをのぞけば、甘ぐりほどのキャッツアイや、焼売くらいのヒスイがズラズラと並び、ダイヤ、エメラルド、スターサファイア、など、何百万円、何千万円という宝石がゴロゴロしているのだから、女であれば、なんとなくドッキリ、ワクワクするのが当然である。

香港、宝石、とくれば「みどりしたたるヒスイの玉」と、誰もが思う。そういう日本人の気持ちを百も承知の宝石商人は、日本人と見ればヒスイをすすめる。しかし、中には色を美しく見せるために薄いヒスイを二枚はり合わせた細工物や、裏に鏡をはったインチキものもあるから、用心、用心、ご用心である。日本語をあやつる美人の中国人などがニッコリ笑って「ヒスイ、キレイネ、タクサン、マケル」などと言ったら、こちらもタクサン用心することである。

東洋的スマイルの演技は日本人より中国人のほうがはるかに高度である。香港には宝石店が多いといってもそれは「宝石がやたらと安い」ということにはつながらない。二、三万円の宝石なら日本で買うのと大差なく、百万、二百万、となるとグンと割安になるものの、なにしろ外貨の枠というものがあり、よほどズルイことでもしないかぎり、私たち旅行者には甘ぐり大のヒスイなんて買えるわけがない。香港には、上等品から安物、にせ物を商う店も含めて〝宝石店〟と名のる店が千軒以上もある。これを訪ね歩いて「あわよくば掘出し物を！」と思っても外国人である私たちには無理な話、無駄な労力や時間を費やすよりも、信用のおけるワンプライス（値引きなし）の店に直行して予算を決めて買うほうがりこうである。時計にしても、ピアジェ、オメガ、ローレックス、ラドー、インターナショナル、パティック、セイコー、と、とにかく世界じゅうの時計が目白押しに並んでいる。が、たとえば、オメガにしても、オリジナルのもの、ベルトがイタリア製のもの、香港製のもの、といろいろあり、したがって値段もまちまちだから、小さな店で買うときは納得がいくまで確かめることが肝心。半値ほどにまける品物は、どこかが怪しいとみて買わぬほうが無難である。

香港にはまたデパートも多い。その中の一流中の一流といえば「レーンクロフォード」で、ここにはバリーの靴、ディオールのハンドバッグ、イタリアの洋服、イギリスの銀器、チェコのガラス、などの高級品がある。ダイヤなどは、目の前でロンドンに電話を入れて今日の相場を確かめてくれるという行き届いたサービスぶりである。香港サイドと九竜サイド、二店あるが、香港サイドのほうが本店で品数も多い。何を買うという目的のないウィンドーショッピングなら、スター・フェリー（九竜、香港間を結ぶフェリーボートの船着き場）の側の、オーシャン・ターミナル・アーケードを歩けば、たいていの品物はそろっている。中国民芸品なら「中芸」がいちばんで、この店も香港、九竜、と二店ある。中国の刺繡製品、布地、七宝製品、ぞうげ細工、家具、アクセサリーなどが美しく並んでいるが、店の正面には〝毛沢東〟のドでかい写真がデン！　と飾られ、店内のふんいきは、他の店とはちょっと違う。「どう違うか？」ときかれても困るが、たとえば、この店にカメラを持ち込むことはできないし、コカコーラやたばこは出てこないし、もちろんワンプライスだし、「さっさと買って静かにお帰り願う」といった表情がある。まあ、信用はあるがあいそうはないというところか、漢方薬などもいちばん安価にしてまがい物なんか絶対なし、というのもお国柄だろう。

近ごろは、日本でも漢方薬がちょっとしたブームだが、香港サイドの「余仁生」という漢方薬専門店へ行ってみると、中国人にとって漢方薬がいかに愛用されているかがよくわかる。ここも「中芸」とは別の意味で特色がある。まるで、いり豆がはじけるような騒音の町中に、この店だけが別世界のごとく静まりかえり、昼でも暗い店内には物音一つしない。店の構えは、古色蒼然としながらも清潔無比、売り物はいずれも枯れ果てて色もないうえに、売り子のじいさんたちまでがなにやら仙人じみたご面相、という、博物館のごとき当店が商う品物は、数千年の昔から中国に伝承されている「漢方薬」の数々。ガラスのケースをのぞくと、ノシイカのごとくぺったんこになったガマのくしざしなどがあってギックリする。このガマをせんじてふやかして（ウワ、ヤダ！）飲めば、女の血の道に効果テキメンとか。白くひからびたタツノオトシゴはたんを切り、高価な鹿の角の薄切りは湯せんして用いれば、増血、呼吸困難たちどころに全快するという。その他蒼茶（おけらの根茎）、地竜（みみず）、黒互（あさがおの種）など。チビた鉛筆ほどの朝鮮にんじんがUS・百ドル（三万円）もするにはオドロイタ。こんな値段で驚いているのは序の口で、医師の処方箋を持っていって合わせてもらう漢方薬には際限なく高価な薬があるとのこと。ああ、不老長寿は高いものである。

漢方薬のにおいなどかいで、胃のあたりがスッキリとしたところで〝点心〟などつまみながらお茶でも飲みたいかたには、文句なく〝飲茶〟をおすすめしたい。〝飲茶〟は、読んで字のごとく、「茶を飲む」ということだが、中国人はたいてい昼食にこの飲茶を愛用している。まず、テーブルにつくと、どびんに入ったジャスミンティーが運ばれる。売り子は駅弁屋のように小皿をたくさん並べた箱を肩から下げ、または手押し車にシュウマイやギョウザのせいろを積んで、テーブルの間を縫って歩く。お客はその中から好きな料理をテーブルに取り、お茶を飲みながら料理を楽しむ。勘定は皿数で計算されるという寸法であり、一人前三百円ほどですむから、ご用とお急ぎの旅行者にとってこんな便利な昼食はない。ただし「茶楼」は昼食に限られ、夜はガラリと様子が変わってナイトクラブになる。

お昼時、何百人という人間が一堂に集まって、騒然と食事をする風景は実に壮観で、中国人のモーレツな食欲ぶり躍如としている。

お昼は〝飲茶〟で簡単にすませても、夜はゆっくりと時間をかけてごちそうをいただかなくてはせっかく香港へ来たかいがない。香港はもともと広東の一部だから、広東料理の店が多く、その他、北京、上海、福建、四川、湖南といろいろな料理店がその味を競っている。広東料理でいちばんの美味は〝当紅方皮猪〟（子豚の丸焼き）で、生後二か月、三キロの子豚に油を塗りながら何時間もかけて焼き上げ、その表皮だけを食べる。パリパリに焦げた皮が口に入ったトタンに、舌の上で溶ける味、その芳香、アア、実にぜいたくで高価な料理だが食いしん坊にはまさに〝生きがい〟を感じさせるうまさである。

広東料理は、中国料理の中でも上品な薄味で、日本でいうなら関西料理というところか。そのくせ材料は豊富で、広東料理で食べないものは、生物ではお父さんとお母さん、四つ足では机といす、空飛ぶものでは飛行機だけ、ということわざもあるように、たぬき、犬、蛇、かえる、すずめ、はと、豚の足から魚の肺や浮き袋まで、なんでもかんでも料理して食べてしまう。秋から冬は、蛇のシーズンである。

蛇を食べるというと、たいていの人はゲッとした顔をするが、蛇がニョロリと形のままテーブルに出てくるわけではなく、一種のスープになっているから、前もって

「蛇ダゾ」と言われなければ絶対にわからない。ただ、薬味として、菊の花ビラとレモンの葉の刻んだものが必ず出るから、この二つを見たら、蛇のお出まし、と思えばまちがいない。

よく、家庭では「中国料理を作るなら、せいぜい蒸し物くらいで、いため物は不可能だ」ということを聞くが、中国レストランの台所をのぞいてみると、全くそのとおりだということがわかる。火力がてんで違うのである。ズラリと並んだ、直径一メートルほどもあるかまどの底にはれんがが敷かれ、どろで固めたへっついの外側は鉄ばりで、下からポンプで重油を送りゴウゴウと音を立てて吹き上げるものすごい火力は、調理場というよりも工場に近い。そのかまどの上に、これも直径一メートルほどのなべをヒョイと乗せ、大きなしゃもじに油をくんでぶちこみ、下ごしらえの終わった材料をパッ！とあけてチョイチョイのチョイとかき回して、一品のいため物ができるまで、まさに電光石火、ものの三十秒とはかけぬのがうまい料理に仕上げるコツとか。家庭のフライパンの中でグチャグチャと材料をかき回しているのとは、ワケが違うのである。料理で時間のかかるのは〝ふかのひれの煮込み〟で、十時間余とか。上等の広東料理にはしょうゆを使わず、スープストックを作るので、これがまた、鳥を十数羽に野菜やら骨やらを仕込んで何十時間も煮つめるのだとか、うまい料理を作るためには、やはりなみなみならぬ努力がいるようである。よきコックであるためには〝逆水行舟〟という言葉、つまり〝常に水の流れに逆らって舟をこぐような心構え〟を忘れてはならないそうである。

あるとき、私が「サヴォイ」のチーフコックにインタビューをしている最中に、タンタラランーンと音楽が鳴って、フロアショーが始まった。ショーが終わって店内が明るくなり、テーブルに運ばれてきた〝魚の蒸し物〟を見たトタンに、コック長の顔色が変わった。「魚を蒸しすぎている」と言うのである。「あんなくだらないショーなんかあったばっかりに、肝心の魚が蒸しすぎになって、だいなしになったのだ、この魚は高い魚なのに、味が落ちてはお客さまに申しわけがない」と、目をむいて怒りだしたので、出した箸が宙に迷って私は困り果てたが、しかし「どこの国にも職人かたぎというものはまだ残っているものだ」と、大いにコック長に好感をもった。

買い物や中国料理は、確かに香港の魅力に違いないが、狭い土地に極度に密集した人間たちが、その人間臭さをプンプンさせながら生活をしている風景もまた、香港の大きな魅力の一つだと私は思う。香港には品物も豊富だが、世界じゅうの人間が集まっていることでも類がない。まるで、人間の見本市を見るようである。ショッピングや食事の合い間に道ばたのベンチに腰をおろし、ぼんやりと行きかう各国の人間をながめるのも、旅行プランの一つとしてむだではない。フェリーボートで香港サイドへ渡るもよし、難民アパートや国境を見物にゆくのもよいが、とにかく、香港を知りたければ車に乗らずに、足の向くまま、気の向くままに、自分の足で歩いてみることである。観光バスに乗ったり、大通りだけ歩いていたのでは香港はわからない。高級商店の並ぶメーンストリートから、一歩、横町へ入ったとたんに、世界がガラリと変わって、そこにほんとうの中国の生活が息づいている。狭い路地の両側にビッシリと並んだ露店や食べ物の屋台、一膳飯屋、新鮮な野菜や果物、魚肉を扱う市場、窓から旗のようにたれ下がる洗濯物、道ばたで貧しい食事をしている老婆や子ども。まるで迷路から迷路に続くように曲がりくねった細い道。大通りだけを歩いていては味わえぬ、ハッとするような〝香港のもう一つの顔〟がここにはある。それは〝東洋の真珠〟と呼ばれる香港のイメージとはほど遠い、香港の人たちの〝生活の場〟である。

豊かさと貧しさがゴチャゴチャになり、人間と金が入り乱れて、グルグルとうずを巻いているような香港、そして、そこから立ちのぼる異様な熱気とすさまじさ、香港とは、不思議な魅力を持った国である。

（『瓶の中』一九七二年）

蛇料理

＊世界食べある記

「空飛ぶものでは飛行機、四つ足では机と椅子《いす》、二本足ではお父さんとお母さん。その他のものはなんでも、料理して食べちまうネ」

と、広東《カントン》人の友だちから言われて、さすが食いしんぼうの私も驚いたことがある。なるほど広東料理の材料は、中国料理の中でも幅《はば》？ が広く、カエル、熊の掌《て》、アヒルの水かき、豚の軟骨とヴァラエティに富んでいる。が、その中でも冬の料理の王様は、なんといっても蛇である、と私は思う。

華やかな宴会の席には、およそ不似合いな風体《ふうてい》の中国人のオヤジが、汚ない麻袋をひっかついで登場する。麻袋の口に手をつっこんで、一メートルほどの生きた蛇をひきずり出す。尻尾《しっぽ》をツマ先で踏まえると同時に、右手の親指で蛇の腹をさぐる。小刀をあてたと思うと、ピョイと蛇の胆嚢《たんのう》がとび出す。五人の客なら五匹の蛇、十人の客なら十匹の蛇の胆嚢がつぎつぎと切りとられて、白い碗のふちに行儀よく並べられる。

蛇は、青大将をはじめとして、シマ蛇、コブラ、ハブ、まむしなど。毒蛇の数が多いほど料理の味もよいとされるのは、日本でフグを食べるスリルと同様のものらしい。

さて、碗のふちに並んだ胆囊に更に小刀をあてると、緑色の胆汁《たんじゆう》がツーと碗の底に流れおち、そこへ汾酒《ふんしゆ》という中国酒がたっぷりと注がれる。胆汁はムラムラとおどりあがってあざやかな緑色に変色する。この酒がコップに取り分けられて、食前酒になるのである。味は少々生臭く、ホロ苦く、美味とはいえぬながらも、すすめ上手の中国人に「めっぽう眼によい」とか「身体に絶対」とか言われると、ハナをつまんでも飲むべきか、べからざるか、さように複雑な感情にとつおいつする内に、くだんのオヤジは例の麻袋をひきずって台所へ下がるという寸法になっている。

緑色の酒がやっとこさ胃の腑に落ちつき、にぎやかに前菜に箸がのびるころ、現われ出《い》でるのが小皿に盛られた白菊の花ビラとレモンの葉の細切りで、この二皿が出たら、「いよいよ、蛇料理のおでましだョ」という前ぶれである。

顔はニッコリしながらも、心中ギョッとし、なんとなく咳《せき》ばらいなど出ちゃったな、と思う間もなく、世にもマレなる芳香をまき散らしながら、ボーイのささげ持つ大《おお》丼《どんぶり》がホカリホカリと湯気を立てながら、テーブルに置かれる。といっても大丼の中に蛇がトグロを巻いているわけではなく、蛇は皮をむかれてマッチの棒ほどに切りきざまれ、同じような姿の竹の子、鶏《とり》のささ身と一緒にトロリと煮込まれているから、碗に取ったあつものをスプンでひっくり返し、とっくり返しても、どれが蛇やら竹の子やら見当がつかない。みようみまねでレモンの葉と菊の花ビラを散らせば、その芳香は一段と食欲をそそり、もはや頬っぺたのさきにハナが落ちそうになる。一口、口にふくめばその美味、なんとも例えようもなく、命がのびるとでもいおうか、思わず満足の溜息《ためいき》が出るばかりである。

白菊の花びらを一緒に食べるのは解毒《げどく》のためと聞いたが、毒にあたろうがあたるまいが、一度味わったら忘れられないのが蛇の味、というところもちょっとフグに似ている。

最初の広東人の言葉は少々激しいが、広東料理はそれほど工夫を持った料理といえるだろう。蛇も狸も赤犬も彼らの手にかかると、美味《おい》しい美味しい料理に化けるのだから驚く。今年も大いに食べて一生けんめい働こう。食いしんぼうバンザイである。

（『婦人生活』一九六九年一月号）

ハンバーガーだけがアメリカでない〈島のお薦め料理〉

ワイキキ通りには商店と共に飲食店がズラリと並んでいる。もちろん「日本料理店」も多いが、最近はチビチビとした「うどん屋」「おにぎり屋」の類が増えて、日本人観光客は例外なくお世話になっているらしい。ハワイには「サイミン（細麵のなまりだという）」という、そばとラーメンの合いの子のような食べものがある。ラーメンのスープは豚や牛の骨を煮出した濃厚な味だが、サイミンのスープは海産物仕立ての塩味でサッパリしていて、どういうわけか昔懐かしい赤い筋の入った「ナルト」の輪切りと錦糸卵、アサツキのみじん切りがパラパラと入っている。いずれ、日系移民と中国系移民の合作だろうけれど、ワイキキのコーヒー・ショップのメニューにも、「ＳＡＩＭＩＮ」と印刷されているから、いまではハワイに定着しているスナックのひとつ、と言えそうである。

「マクドナルド・ハンバーガー」も相変らずの繁昌ぶりだ。ハンバーガーというのは不思議な食べもので、イヤだ、イヤだ、と言いながらも、つい食べてしまう、いや、食べたくなってしまうものらしい。ハンバーガーが日本へ上陸した時、日本側はアメリカの技術指導を受ける前に、「一にスマイル、二に迅速、三に味」の鉄則を断固として守れ、と言われたそうだ。いかにもアメリカさんらしい。日本のマクドナルド店ではどうか知らないが、ホノルルではこの三条件を守って、最近では「チキンバーガー」など新しいメニューも増えた。日本人がラーメン中毒だと言われるように、アメリカ人はハンバーガー中毒なのかもしれない。

そうそう、「ハンバーガー」といえば、こんな思い出があったっけ。といってももちろん私のことではなく、夫・ドッコイのことである。いまを去ること二十年ほど前に、私たち夫婦はアメリカ旅行をした。今日は東へ明日は西へ、と、メ一杯のスケジュールで走りまわる私たちにとって、昼食に時間を費すことはいちばん惜しい。ランチはたいていコーヒー・ショップで「ハンバーガー」か「パンケーキ」にコーヒーと決めていた。

あれはサンフランシスコだったか、リノだったか、忘れてしまったけれど、とにかく或る日のランチタイムに、私たちは例によってコーヒー・ショップの小さなテーブルに向かいあって、ハンバーガーが現われるのを待っていた。運ばれてきたハンバーガーは、身の丈？　約十センチはあろうかという代物で、正に皿の上にそそり立っている、という感じで私はビックリ仰天した。

「この巨大なハンバーガーを、如何にして食すべきや？」と、思案にくれる私を尻目に、両手でハンバーガーを取りあげた夫・ドッコイは、ハンバーガーの寸法に合わせてガッ！　と大口を開けたからたまったものではない。「コキ！」と、私にも聞こえるような音がして、アゴの蝶つがいにヒビが入ってしまったらしい。「イテテテ」と叫んだのが、夫のアメリカ旅行の最後の言葉となって、以後は五ミリほどしか口が開かなくなってしまった。食事は五ミリのスキ間から流しこむスープのみ。私が何を話しかけても、首を横に振るか、うなずくかだけの無言の人になってしまった。

東京へ帰る早々お医者さんに駆け込んだら矢張り間違いなく骨折で、全快するまで約一年かかった。ハンバーガーのおかげでとんだ目に遭った、と言いたいところだけれど、バカ律儀といおうか、ユーズーがきかないといおうか、このアクシデントはあくまで松山善三という人間の人格のなせる業である、と私は信じて疑わない。

最近の鮭の切り身が年々歳々薄っぺらくなりつつあるのと同じく、アメリカのハンバーガーもまた徐々に小型にペシャンコになりつつあるようだ。それでも、ミンチ肉が二枚重なっている「ジャンボ・ハンバーガー」は、かなりの厚さがあって食べにくい。総入歯のアメリカ老人は、いったいどうやってハンバーガーを食べるのか？　と、チラチラ観察したところによると、両方の掌でバーンズをギュウと押しながらかぶりつく人。ハンバーガーを全面解体してから、バーンズを千切り、肉を千切って交互に口に運ぶ人。レストランならフォークとナイフを使って、切り刻んで口に入れる、という老人もいる。

「アメリカにはハンバーガーの他に料理がない」と言われるけれど、私はハワイの名誉のためにも「そんなことはありませんよ」と申しあげたい。チョイスがよく、お金を惜しまなければ、ま、なんとなく大味で乱暴な料理ではあるけれど、美味しいものはたくさんある。

ワイキキでランチを楽しむとき、私はシェラトン・ホテルの「ハノハノ・ルーム」か、ロイヤル・ハワイアンの「オーシャン・テラス」のブュッフェに行く。

ハノハノ・ルームはアメリカン・スタイルで品数が多く、オーシャン・テラスはスモーク・タンが美味しいのと、コックさんが大俎の上でロースト・ポークやビーフをこちらの好みに切ってくれるのが嬉しい。

夕食なら、サンセットで有名なコロニー・サーフ・ホテルの「ミッシェル」、カナダに本店のあるステーキ・ハウスの「ハイズ」、ハワイアン・リージェント・ホテルの三階にある「サード・フロア」などを選ぶ。サード・フロアのつき出しのパテは美味しくて、チャパティに似た焼きたてのパンに、このパテをゴッテリ塗って食べると、

「ああ、しあわせ」という気持ちになる。

ちょっと足をのばせば、カハラ・ヒルトン地下のレストランも悪くない。日本人は「ビーフ・ステーキの肉が固いじゃないか」と言うけれど、あちらさんに言わせれば、「日本の上等肉なんて、ただフニャフニャしているだけで肉の味がしない」のだそうだから、これは生まれたときからの好みで、どうしようもない。「肉というものは、ある程度の歯ごたえがあって、ギュッと噛みしめてはじめて肉の味がするのが、つまり肉なのだ」と思いこんでいる人に、クドクドと日本の松阪牛の説明をしてみてもはじまらないのである。とにかく、ステーキやロースト・ビーフは、その日の肉のよしあしと焼きかたひとつで勝負が決まるから、絶望と満足のくりかえしの悪循環だけれど、これは食事についてまわる運命だと思って諦めるよりしかたがない。

日本では一年中、夜昼さかさまのような生活をしている私たち夫婦は、朝食はほとんどとらないけれど、ホノルルへ来ると空気がいいせいか、なぜかおなかが空いて朝ごはんをちゃんと食べるようになる。寝呆けマナコでオムレツなど作っている老妻を見るに見兼ねてか、夫は二日に一度は私を誘って散歩がてらにブラリと外に出て、ブレックファストなるものをたしなむことになっているが、たいていはショッピングセンターの中の、デパートの二階にあるコーヒー・ショップの定食か、パンケーキ・ハウスへ行く。どちらも歩いて十分くらいだ。

このコーヒー・ショップの朝食は、なんせ、安い。一ドル四十九セントで、卵二ヶの目玉焼きかオムレツに、たっぷりのフライドポテト、トーストが二枚とジャム。ケチャップと醬油を持って来てくれるし、コーヒーは何杯のんでも六十セントである。ウエイトレスの愛想もよく、サービスはキビキビとして気持ちがよい。キビキビといえば、いつもレジに頑張ってお客をさばき、自らも皿を下げ、テーブルを拭き、コマネズミのように働いているマネージャー君が、私の友人、森本哲郎アニイにそっくりなのがまた楽しい。

ハワイの日系人は働き者が多いけれど、この森本さんの動作は群をぬいてすばしっこく適確だ。アメリカはコーヒー・ショップといえども客が勝手に入って行って好きなテーブルに座るという習慣がないから、客は食堂の入口にズラズラと並んで、ホストかホステスの案内を待たなければならない。

ある時、日系の老人がフラリと入って来て勝手にテーブルを物色しはじめた。とたんに森本さんがスッ飛んでいって老人を入口まで連れ出した。老人はまたフラリと行列の前の方にまぎれこんだ、とたんにまた森本さんがスッ飛んで老人の腕をひっつかみ、行列の最後に並ばせて、レジの前に戻っていった。本物の森本哲郎アニイだったらそこまでキビしいかどうかは、私は知らないけれど「守るべきことは守るんだ」という姿勢が共通しているように思えて、私は口あんぐりとおっ開いたまま、その光景を眺めていた。

アメリカの人たちがキチンと行列を作って、静かに自分の順番が来るまで待っているのは、レストランや劇場の入口ばかりではなく、デパートやホテルや劇場の、つまり公共の女性用トイレットも同じである。

男性用トイレットの間取りはどうなっているのか、入ったことがないから私は知らないけれど、女性用のトイレットのドアを押すと、たいていは広々とした一間があって、煙草を吸うための灰皿が置かれ、ゆったりとしたソファが据えられ、ちょっと上等なら、お化粧直しのための鏡とスツールが並んでいる。そして、その奥に洗面台とトイレットが並んだ一間がある、という寸法になっている。

幾つか並んだトイレットの扉が全部閉まっていれば、つまり満席ということだから、人が用を足しているそばまでいってウロウロしてもはじまらない。そこで、手前の部屋に行列が出来はじめるのである。

トイレがひとつ空けば先に並んだ人から順番に入るから、当然のことながら何の混乱も起きない。が、わが日本国ではこういう場合、各ドアの前にまるで番犬みたいにピッタリと貼りついて、他のドアが開いたとたんに横っ飛びにスッ飛んで中へ飛びこんだりするから危なくてしかたがないし、あとから入って来た人がどんどこどんどこつめかけて身動きもできない状態になってしまう。行列の割りこみは最低のバッド・

マナーだけれど、このトイレの争奪戦ほど見苦しいものはない。
話がヘンなところへ落っこっちゃったけれど、そうだ、朝食のことを書いていたんだっけ。

「パンケーキ」は、日本では「ホット・ケーキ」と呼ばれて、女、子供の好む「西洋ドンドン焼き」だけれど、アメリカでは、「パンケーキ」や「ワッフル」は老若男女が好んで食べる朝食の一品である。私たちのヒイキの「パンケーキ・ハウス」では、各種のオムレツが特徴で、つまりオムレツを注文すればトーストならぬパンケーキが別皿に四枚ついてくるという仕掛けになっている。

パンケーキの種類だけでも二十種以上も揃っていて「フラップ・ジャック」はまるで卵で焼いた洗面器のような形、と言ったらいいか、巨大なシュークリームの外側だけと言ったらいいのか、つまりそういうようなものであって、一八四九年にカリフォルニヤのゴールド・ラッシュの時に出来たものだそうだ。

「ポテト・パンケーキ」はじゃがいもの千切りをカリカリに焼いたもの。「マンダリン・パンケーキ」はパンケーキの上に缶詰のミカンが山の如くのっているもの。「ココナッツ・パンケーキ」はココナッツが入ったもの。「サワー・ドウ」は少々スッパイ味がついているもの。その他、「バナナ・パンケーキ」「スエディッシュ・パンケーキ」「チェリー・パンケーキ」「ブルーベリー・パンケーキ」「ストロベリー・パンケーキ」「コテイジチーズ・パンケーキ」「ハワイアン・パンケーキ」「フレンチ・パンケーキ」「バタミルク・パンケーキ」「バックホイート・パンケーキ」。オムレツの中味もまた、「コンビーフ」をはじめとして、「サラミ」「ハム」「チーズ」「ほうれん草」「マッシュルーム」「ポチギース・ソーセージ」「トマト」「スパニッシュ」と種類が多い。

日本の上品、かつ、チビチビとしたオムレツとは大いに違って、卵を三個使う上に、どのオムレツも中味がハミ出すほど入っており、オムレツそのものが皿からハミ出しているさわぎで、おまけに直径二十センチがとこはあるパンケーキが四枚とあっては、とてもじゃないけど、一人で食べきれるわけがない。さいわい、でっかいダイヤモンドの指輪にムームー姿の女主人やウエイトレスとも顔なじみになったので、夫・ドッコイがオムレツを注文し、私はジュニア・プレイト（卵一個とソーセージ三本かベイコン三枚にパンケーキ二枚）をとると、ウエイトレスが気をきかせて、なんとなく中皿を一枚持って来てくれたりする。

巨大オムレツの値段は平均五ドル（約千二百円）がとこである。私がアメリカの友人から習ったパンケーキの作りかたは、まず「ケーキミックス」の粉を買って来る。卵を黄身と白身に分け、白身を固くなるまで泡立てて冷蔵庫に入れる。ケーキミックスをボールに入れて、ミルクと卵の黄身を入れ、少量のサラダオイルと塩をいれ、冷やした白身を加えて、ササッと混ぜる。日本のパンケーキのようにドッタンという感じではなくポタポタというくらいの薄さにしてフライパンで焼くと、ジワッとしたパンケーキが出来上がる。サワークリームとバターをこね合わせた「バターミルク」をたっぷりとのせ、カナダ産の「メイプルシロップ」をダブダブとかけて食するという次第。パンケーキを食べるのは朝と昼のみなのでオリジナル「パンケーキ・ハウス」は午後二時には閉店する。

（『旅は道づれアロハ・オエ』改題、一九八二年）

チャイ・ハナでシシカバブを食べる

バスは、埃だらけのボディをゆすりながら、サマンガンの街へ戻っていった。この街のチャイ・ハナで昼食をとるのだという。

バスをパークするために、運転手のミスター・イシャが、二、三度ギアを入れ替え、ソロソロと土塀へ向かってバスを寄せる。土塀の前には溝がある。「アララ、ヘンだな」と思っているうちに、案の定、バスの前輪がその溝にはまりこんでしまった。顔を真赤にしてウンウン言っているイシャを残して、車体を軽くするために私たちはバスから降りた。とたんに、というよりも間髪を入れずに、という感じで、そこらにいた男たちが、二、三十人ほどもバスをめがけて突進してきた。男たちは、バスにしがみつくと、パシュトゥ語で「セーノ！　ヨッコラショ！」というような掛け声をかけながら忽《たちま》ちにしてバスを溝から引きあげてしまった。そして、人々は、イシャや私たちの感謝の言葉を期待する様子もなく、歓声をあげサッサと散っていった。それは、たった二、三分間の出来事だったけれど、私にはなんとも新鮮で気分のよい眺めであった。

「この国の人々は助け合いの精神があるんですよ、いつもこんな風です」と、樋口〔隆康〕先生が、ちょっと得意そうに言った。「助けのいる時にはお互いに手を貸そう」という行為は文句なく美しいし、なんの理屈も必要としない。もちろん、日本国の日本人にだって、善意はある。助け合いの精神だって無いことはない、……のだけれど、日本のそれとアフガニスタンのそれには、うまく表現ができないような微妙な波長の違いがあるような気がして、私はちょっとの間、考えこんでしまった。

私を考えさせたのは、引きあげたバスをうしろにして立ち去った人々の表情だった。溝の泥水でサンダルを汚した人も、胸のあたりがバスについた埃で真白になった人も、みんな機嫌よく笑っていた。呟いた言葉は理解できなかったけれど、その表情には「自分の力が役に立った」という満足感がありありと輝いていたことが、私の心の動きを瞬間とめたのかもしれない。樋口先生が重ねて言った。

「彼らはじつにサッパリしていますよ。発掘現場でも、いろいろな要求などしてくるけれど、ダメと一言いえば、もう決してそのことには触れない。あきらめがいいというのか、誇り高き民族というのか……」

車を止めた、ついそこの角に、私たちの目ざすチャイ・ハナはあった。天井からブラ下がった古いランプや鳥籠、壁には古いレコードや極彩色のブリキのお盆が飾られていて、このあたりではなかなかシャレた店なのだろう。

チャイ・ハナとは、日本でいう、喫茶店、軽食堂にあたるのだろうか。辺鄙な場所にあるチャイ・ハナは、簡易宿も営業しているらしい。レストラン兼ホテルというと聞こえはいいけれど、椅子、テーブルは少なく、壁のまわりは木の縁台風にこしらえてあり、あまり綺麗とはいえない羊の毛の毛布が敷かれている。人々はその縁台に腰をかけたり、あがりこんでアグラをかいたりして、のんびりと、チャイ・ハナにいる時間を楽しんでいる。

チャイ・ハナで食べられる料理は、獣脂や植物油で煮た、オクラ、玉ネギ、豆などの野菜スープ。ナムと呼ばれる小麦粉を練って焼いた直径十五センチほどもある平べったいパン。固焼きのオムレツ。そして、カバブ（焼肉）くらいである。シシカバブというのは、シシが「串」という意味だから、つまり串焼きだが、日本や西欧の一流レストランのメニューにある、長い串にたっぷりとした肉の塊と野菜を交互に刺したものを炭火で焼いた豪華なシシカバブとはちょっと違い、長火箸に似た串に、ミニミニのひと口カツほどに切った羊の肉を、それもほんの七、八個刺したものを、ちょうど日本の焼鳥屋のような長方形の炭火のコンロの上へ、ズラズラズラと並べて焼くのが、本場アフガニスタンのシシカバブである。これは、あまりにも素朴で、料理とはいえないかもしれない。パラオと呼ばれる、羊肉や鳥肉、乾葡萄の入った炒め御飯もアフガニスタンの名物だが、なんせ香料の香りが強すぎて、口へ入れても、どう理解してよいのか、私には分らない複雑な味である。

乾葡萄といえば、この国では、どこへ行っても乾した果物や木の実が多く、それがウソのように安い値段で売っている。乾葡萄、桑の実、杏《あんず》、棗《なつめ》、胡桃《くるみ》、ピーナッツ、そして色とりどりの乾した香料の並んだ乾物屋の店は、日本では絶対に見られない珍しい眺めである。

私たちは、この店で、シシカバブとナム、そしてデザートにはヨーグルトと、チャイと呼ばれる日本茶と紅茶の中間のようなお茶を飲んだ。アフガニスタンではお茶は採れず、中国とソ連からの輸入品だそうである。店の主人と、その息子のような少年が、せっせと何十本ものカバブを束にして運んでくる。

カバブはたいてい、チャイ・ハナの店さき、屋外で焼いている。風呂屋の番台のように高い床の上で、炭火をおこした長細いコンロを前にアグラを組んだ男が、左手で串をあやつりながら、右手のウチワをソヨソヨと動かして、羊の脂から立ちのぼる煙を払っている。鰻のかば焼きだと思えばよい。一本の串には、男の小指ほどの量の肉しかついていないから、私でさえ十本や二十本はまたたく間に片づけてしまう。じゅうじゅうと音を立てるアツアツの肉は、柔らかく、さっぱりとして、なかなかおいしい。

樋口先生の伝授によると、左手に串を持ち、右手で千切ったナムで肉をはさむようにしてギュッとしごいて串からはずし、ナムごと口へ放り入れるのだそうで、なるほど、そうすれば熱い串をもて余すこともなく、串を洗う手間もはぶけて、すぐに次の生肉を刺すことができる。なるほど、なるほど、とみんなが感心しながら実演をしているうちに、目の前に大きな串の山が築かれてゆく。

（『旅は道づれガンダーラ』一九七九年）

＊世界食べある記

絶品！　成人寸前の鳩ポッポ料理とアリーのお父さん

カイロから、アブ・シンベル、アスワン、ルクソール、とまわって、一週間ぶりに再びカイロに戻った。どこへ行っても観光客相手のホテルはサービスも通りいっぺんで味けなく、ルクソールで食べた羊のチーズ入りパイと、アスワンの名も知らぬ淡水魚のフライが印象に残ったくらいで、食事も標準以下だった。とにかく暑いので何か飲まずにはいられない、といって、この国も、生水を飲めば外国人はとたんにアウトだから、日がな一日、ビールか瓶詰のエビアン水をガブガブと飲むよりしかたがない。アブ・シンベルでもルクソールでも、観光客はみんなユデダコのような顔をして、胸にエビアンの瓶を抱えていた。私たちもまた例外ではない。一本二百円がとこのエビアンを、土左衛門になるほど飲みに飲んだが、飲んだとたんに汗になり、汗になったとたんに蒸発して、なんのことはない、水は喉を通って体内を通過するだけで、ミルク呑み人形になったようなものである。おまけに、私が日本くんだりから持ってきた例の醤油は、案の定大好評のひっぱりダコで、カメラマンの丸さんなどは目玉焼きにもスープにも醤油、醤油と叫ぶから、またまた喉が乾いてエビアン水のお世話になる、というドウドウめぐり、全く、炎熱地獄の一週間であった。

難行苦行の一週間の食生活をおもえば、さすがカイロは大都会、食事の楽しみも十分あった。エジプト人はほとんどが回教徒であるため「豚」は不浄として食べない。いちばん多く食べるのは、羊。鶏、鳩、アヒル、牛、と続いて、現在はヌビア地方から大量に買い入れるラクダも大半が食用だそうである。

日本を発つ時から期待していた鳩料理にもようやくおめにかかれて、私は大満足であった。鳩ポッポは普通、一羽丸ごとをタレをかけながらローストするだけらしく、それならば香港やマカオにも類似品があり、料理らしい料理とは言えない。

「鳩料理ならまかしとき」といった顔で、得々と料理方法を説明してくれたのは、消し炭色のヌビア人で、自分をファラオの子孫と信じて疑わず、エジプト人を指して「あれらはみんなアラブ人だ」と豪語するのがクセの「アワド爺さん」である。彼、のたまわく、「まず、スーク（市場）へ行って鳩を仕入れて来る」。あたりまえでしょ。いくら私だって、そこらの公園のベンチで遊んでいる奴をチョロマカしてくるなどとは思っていない。鳩は、成人？寸前の、ウズラよりやや大きめのサイズのが理想的だそうである。首を切り落して、羽をむしり、おなかを裂いて、臓物をとり出し、よくよく掃除をする。次に、生米に油をまぜ、玉ネギのみじん切り、干しぶどう、臓物のみじん切りと、幾種類かの香料と塩、胡椒を加えたスタッフィングを鳩のおなかに詰めて綴じる。深鍋に入れた油でサッとフライをしたら引きあげて、今度は鍋に何羽かの鳩をキッチリと並べてコンソメを張り、じっくりと三十分ほど煮込む。アワド爺さん御自慢の、このいたいけな鳩ポッポは、なるほど繊細微妙な味わいで絶品だった。つけ合わせは、中国麺のようなヌードルを刻んで炊き込んだピラフ、トマトと玉ネギのサラダだった。エジプト人はかなり米を食べる。と言っても、ただ白く炊きあげるのではなく、油で煮るか、松の実、ヘイゼルナッツなどを砕いて入れた炒め御飯が多かった。ホテルやレストランの料理は西欧風で、せいぜい羊のカバブ（羊肉の串焼き）か、クフタ（羊肉のミンチを団子状にして串にくっつけて炭火で焼いたもの）などがエジプト料理としてメニューにあることはあるが、私がいつも「ああ、美味《おい》しかった」と思うのは、知人の家に招ばれて御馳走になる「家庭料理」だった。例えば、ナスと羊のミンチの油煮。ナスの唐辛子漬。ズキニをくりぬいて、ナス、ピーマン、香料を詰め、ぶどうの葉で包んでコンソメで煮込んだもの。胡桃《くるみ》、ナッツ、香料を砕いて炊き込んだ御飯も美味しかった。デザートでは「アリーのお父さん」と呼ばれているお菓子が珍しくて美味しかった。メリケン粉を練って春巻の皮ほどの薄さにのばして油で焼き、砕いたナッツとミルクを交ぜたものを包み込んでオーブンで焼きあげたもので、変りクレープというような味だった。

（『旅は道づれツタンカーメン』一九八〇年）

*世界食べある記

フロマージュ

街そのものが、さながら美術館を見るごとく、ファッション、料理、と世界にその名を誇る花の都パリも、歴史に弱く流行にうとい私のような人間には「猫に小判」というところだろう。

しかし、私も全くパリにあこがれていないわけではない、どころか、なるべくパリを思い出さぬように心がけているほど私はパリへ行きたくて行きたくてたまらないのである。なぜか? そこには「美味いチーズ」があるからだ。花の都パリは、私にとって美味そうなチーズの固りにしかみえないので、パリを思えばよだれが流れる、などというのはおよそ色気のない話だが、本心なのだから仕方がない。

私は十数年前の半年間をパリで暮らしたことがある。その時おぼえたチーズの味の数々は、私のホームシックを吹き飛ばし、毎日せっせとチーズを食べることだけに生き甲斐さえ感じ始めたのであった。おかげで、みるみる内に太りだし、どのスカートのジッパーもとまらなくなったので、あわてて新しいスーツを注文したら十万円がとことられて仰天した。が、スーツが十万円だろうが身体中がぶんむくれようが、私はふてくされたごとくチーズを食べつづけることを止めなかった。チーズは御ちそうのあとのお茶づけのようなものだから、レストランでは料理が終るまで待たなければならない。私はそれを待ちきれず、食前食後？に、街のおかず屋を彷徨しては幾種類ものチーズを買いこんで下宿で楽しんだ。

チーズはお茶づけに相当すると書いたが、レストランで料理が終り、さてデザートにするにはちと物足りないという場合に「フロマージュ」と一声放てば目の前に、山羊のチーズ、キャマンベール、ブルーチーズ、ブリ、エメンタル、トム、ゴルゴンゾラ、エスト、グリエール、などがズラリと並んだチーズのワゴンが運ばれてくる。ちょうど、おこうこの盛合せ鉢から、タクワン二切れ、きうりを三切れとお茶づけのお供にする要領で、二、三種類のチーズを切り分けて皿にとり、残ったパンとブドー酒で食事の仕上げをするのである。

最近は日本にも幾種類かの外国のチーズが輸入されているが、キャマンベールやブリの、あのトロリととけるように生々しいチーズは絶対にない。やはり香り高く新鮮なチーズを味うにはフランスへ行くより仕方がないのだろう。行けば狂った如くチーズを食いまくり、またまたスカートが入らなくなること必然である。今でも中年太りに悩む身体にチーズの肉？がピッタリとついたら……ああ、私はやっぱりパリを思い出さないことにした方が無難のようである。

（『EXCEL』一九六九年初冬号）

私の食堂　キャンティのイタリア料理

人間の嗜好ほどアテにならぬものはない。健康のよしあし、入れ歯の出来工合、寄る年波によっても嗜好は目まぐるしく変わってくる。

私は小さいころから、うどん、蕎麦、スパゲティなどの細長い形をした喰べものが苦手だった。いくら噛んで呑みこんでも、ニョロニョロした細長いものがおなかの中にトグロを巻いて納まるような気がして、気味が悪かったのである。その私がスパゲティを好きになったのは、「そこに、キャンテイがあったから」である。

蕎麦もスパゲティも、美味しさは茹でかたひとつで決まってしまう。日本国のスパゲティ料理はたいてい腰のぬけたうどんの如くベトベトで、フォークに巻きつけようとすると、千切れてブラ下がったりしてみっともないし、口に入れればグチャリとして歯ごたえがなく不味い。スパゲティの茹でかげんは、スパゲティの切れはしを壁に向かって投げつけるとピッ！　と壁に貼り着く程度、テーブルに落とせばピョン！

＊この店この味！

と飛び上がる程度、というけれど、キャンテイのスパゲティ料理は固さもソースの味も、いつも安定していて美味しく、私はいつの間にかキャンテイのおかげでスパゲティファンになってしまった。もちろん今はトグロもへったくれもなく、キャンテイへゆけば必ずスパゲティを喰べてしまう。

私の好きなのはバジリコかクリームあえ。クリームといえば、キャンテイの仔牛のクリーム煮も私の好物のひとつである。仔牛のクリーム煮は他の店でもずいぶん試したけれど、たいていは仔牛の肉そのものがパサついていたりして工合が悪い。シェフの森岡さんの品選びの目が確かなのか、料理のコツがあるのか知らないが、キャンテイの仔牛のクリーム煮に失望したことは一度もないのだから大したものである。

もう三十年来も住んでいる私の家から、歩いて五分ばかりのところにキャンテイがある。いくら近いからといって、人間の舌は現金だから、ギリや酔狂でレストラン通いはできない。私の舌もかなり現金らしく、以前はせっせと通いつめ、やがて浮気心をおこして他のイタリー料理店をさまよい歩いたあげく、結局はまたキャンテイへ戻って来てしまった。私はキャンテイを「私の食堂」と呼んで、三日にあげず、といった感じでキャンテイ通いをしている。

いつもおだやかな店の雰囲気。いつも安定した料理の味。このふたつは、私のような喰いしんぼうの客にとってなによりの、「よいレストラン」の条件なのである。

（森岡輝成『キャンティのイタリア料理』一九八〇年）

私の大好物

「竹園」のビーフストロガノフ

＊この店この味！

上質の神戸牛に前菜、デザート付きお昼は二千円よ！

芦屋駅（兵庫県）から歩いてほんの二分ってな所に、「竹園」というかわいらしいホテルがあるんですけど、それが本店で、そのレストラン部門だけがソックリ銀座に出てきて開店したわけ。

もともとが大きなお肉屋さんだったから、お肉そのものがおいしいんですよ。それと、お料理の特徴が和洋折衷っていうのかな、ホラ、今の若い人って、日本食を食べててもちょっとお肉っ気が欲しい人っているでしょ？　そんな、型にはまらない気楽さがいいのよね。

お昼はサービスで安く食べられるようになってて、中でもビーフストロガノフは、二千円で前菜とデザートが付いていて、いいなと思ってる次第です。バターライスも、よくある申し訳程度っていうのではなく、たっぷり食べでがあるし……。フォークとお箸と両方出てくるのもいいでしょ。今のところ、三日にあげず通ってます。（談）

（銀座店は現在閉店／『週刊文春』一九九二年九月十七日号）

パリで恋う日本の味　永坂の更科

私が麵類を食べるようになったキッカケというのが、お古い話でキョウシュクながら、パリ旅行なのであります。

それまでは、うどんやおそばは食わず嫌いという奴で（あのニョロニョロしたものが、お腹の中にとぐろを巻いて納まったところを想像するとどうもいけません）、ぜんぜん食べた事がなかったのであります。

ところが、パリへ発つ日の夜、羽田へゆく時間が余ったので銀座を一まわりするうち東京とのしばらくのお別れに何か日本的なものを食べようかなということになって、生れて始めて自分からそばやののれんをくぐったのであります。

六月のはじめで、ちょいとむしむしする晩で、ブッカキの浮いた冷ムギが馬鹿に美味しかった。パリへ行ってからも、日本の食べものを思い出す時、にぎりや、うなどんやてんぷらに何時《いつ》かおそばも仲間入りをするようになったのであります。

＊この店この味！

帰ってきてからはもちろん、そばファンになって、「そんならいいとこへ連れてゆこう」というんで、食べさせられた永坂の御前そばは、殊《こと》に美味《おい》しかった。

何しろまだ食べ始めてからの年季が浅いので、ヤブだかスナだか、何だかよくは判らないが、何といっても、割箸に上手い工合にひっかかってちょいと汁につけてツルツルッと口の中へタグり込むあの味は、如何にも庶民の味、下駄ばきの味、風呂帰りの味、そして淡々とした日本の味。更科は創業三百年とかいう事でありますが、私は根性曲りなので、殊に食べものに関しては説明不要の主義で、そういう曰くインネンはきかない事にしています。美味しい。これで四方円満。気楽に食べられる、これも更科そばの一つの大きな魅力なのですから。

最近私も永坂町へ引越したので、お客様にも御前そばをサーヴィスして喜んでいただいている次第であります。

（読売新聞社社会部編『味なもの』一九五三年）

純広東料理 翠園酒家

これがホンモノだ

「牛にひかれて善光寺参り」というけれど、私たち夫婦が広東料理にひかれて香港参りをはじめてからもう二十年近くなる。

数多い中国料理の中で、もっともこまやかな味を持ち、もっとも品数の多いのは広東料理だろう。広東料理のメニューに無いものは〝空飛ぶものでは飛行機だけ、四つ足では机と椅子《いす》、動物ではお父さんとお母さん〟というたとえ話があるほどで、つまり、その他のものはなんでも片っぱしから料理して食べちまうというのだからスゴイ。

蛇、蛙、猫、犬、熊の掌《て》などの珍品も多く、香港を訪ねるたびに、目新しい広東菜に出会うのがなによりの楽しみである。

香港の中国レストランの中でも上手でとびきり美味い「翠園酒家」が、一九七七年の春、十二人のコックを引きつれて、東京は田村町に店を開け、ホンモノ中のホンモノの味を披露している。

＊この店この味！

私の選んだ今日のメニューは、生きた車エビを殻つきのままサッと蒸し、翠園独特のソースをつけて食べる「白灼中蝦」。鶏の切り身と中国ハムとショウガを蓮の葉に包んで蒸した「雲腿荷香鶏」。そして、ミルクの唐揚げ。うなぎのぶつ切りと丸のままのニンニクの煮こみ鍋「蒜子大鱔煲」。

デザートは「蜜瓜布甸」というメロンのムース──の五品で私の好物ばかり。

とくに、ミルクの唐揚げ「脆皮炸鮮奶」は女性、子供さんには絶対に喜ばれる。

中国料理の鍋ものといえば「火鍋子」くらいしか知らなかったけれど、翠園には「うなぎ鍋」の他にも「バラ肉と大根」「魚のアラと野菜」「豆腐と野菜」など、いろいろな鍋料理がある。まだグツグツと煮立っている鍋の中をつっつきながら、白いごはんをカッ喰らう楽しさは、ああ、思っただけでもヨダレが出る。また明日も行こうっと。

（現在閉店／『週刊文春』編『美女がすすめる味の店』一九七九年）

*この店この味！

銀座のお気に入り

子役をやってた五歳くらいのころね、どこかへ遊びに行こう、といえば銀座でしたよ。銀座しかなかったの。

デコちゃん、連れてってあげるよ、といわれて蒲田の松竹撮影所からやってきたものでした。

お決まりのコースがあって、あの店でおもちゃを買ってもらって、あの店でごはんを食べて、デザートはここでと通ったものです。

資生堂パーラーは昔、白い詰衿を着た中学生くらいのボーイさんがいてね。なんとも清潔な感じがしたものよ。

そのころから食べていたかしら、ミートコロッケ。おーんなじ味ね、なんねん経っても。

そして銀座へ来ると必ず寄るのが花屋さん。松坂屋の一階にある、わりと目立たない店なのですが、花がね、いいんです。保ちが違います。

家が室内がベージュ系統だから、バラは黄色が合うので、わりと黄色のを買います。松屋ではわりと家庭用品を買ったりすることがある。すりばちになってる片口とか、ちょっとしゃれた電気スタンドとか。独特のものを売ってるのね。

そのまま銀座通りを京橋方向に歩いて伊東屋によることもしばしば。ここは大人の遊園地なのよ。楽しくて、入るとなかなか出てこられない。原稿用紙を買ったり、葉書に貼る〝エアーメイル〟のシールを買ったり。

ちょっとくたびれたな、と思うと八階のコーヒーショップで、お茶を飲んだり。

今日は、竹葉亭で鰻を食べるつもりです。テーブルの席ができて、わりとすぐ持ってきてくれる。よく食べに来ます。一人で来たり、松山と来たり。

食通みたいに思われがちだけど、そうじゃない。女優っていう仕事は、仕出し弁当とか、ロケでは駅弁とかそんなのしか食べられなかったのよ。だから今、食べ狂っているわけです。

泰明小学校そばの上海料理・東京飯店、帝国ホテルの吉兆では気軽にお弁当を、よそいきのフランス料理は「レカン」……。

ひとりで食べるのは平気。おいしいものを食べて、ウサを晴らすの。

週に二回くらいは銀ブラ、たいていは昼ごはんをはさんで。帰りは夕飯のお買い物をして、家路へむかうのです。

（『クロワッサン』一九八五年五月十日号）

＊この店この味！

二週間食べ続けた洋食

モダンな銀座との出会い

五歳の時、子役として芸能界入りをし、ずっと映画界という特殊な環境で過ごしてきました。子供の時分は、カメラの前で「ウソっこ」の芝居をするのに抵抗があって、自分で言うのも変ですが、撮影所での私は、陰気で愛想のない子供だったと思います。そんな私を撮影所の人たちは、なぜか可愛がってくれました。撮影が終わるとたいがいスタッフの誰かが、待ちかねたように誘ってくれて、横浜や浅草、そして銀座に連れていってくれたのです。

「秀坊！」

と声がかかると、私は「おじさん」や「お兄さん」と一緒に出かけました。ある時は、名監督野村芳亭《のむらほうてい》のもとで仕事をしていたカメラマンの小田浜太郎さんであり、ある時は『旅笠道中』などを作った流行作詞家の藤田まささんでした。考えてみると、世の中には、不思議なくらいに子供好きな方がいるものですね。彼らは、私を連れてくれました。

食事をし、おみやげまで買ってくれて、帰りには必ずタクシーで蒲田の家まで送って

昼食に食べたオリンピックの洋食

連れていってもらった中では、モダンな銀座が一番好きでした。

銀座のコースは決まっていて、いつも新橋のたもとで車を降り、まずは『凮月堂』です。そこで「ガラガラ」という玩具を買ってもらい『天國《てんくに》』などで食事をする。そうそう、洋食の『モナミ』で食べた日の丸が立ったお子様ランチも忘れられませんね。そして、食事の後は帝国劇場で洋画を観る。『自由を我等に』なんて映画を今でも鮮明に覚えています。

そんなある日、あれはそう、昭和九年、私が一〇歳になった時でした。藤田まささんが、車で迎えに来て、銀座の数寄屋橋にあった塚本ビルに行ったのです。塚本ビルは東宝の前身の『P・C・L』と『ポリドール・レコード』が入ったビルで、新しい仕事の顔見せのためでした。その仕事というのは、東海林太郎さんと日比谷公会堂での共演でした。

当時、『赤城の子守唄』のヒットを記念して、東海林太郎主演で、時代劇の入った特別ショーが、企画されたのです。このショーの脚本を書くことになったのが藤田さ

んで、彼は私を共演者に推薦してくれたのです。

私の役は勘太郎です。稽古は二週間、毎日続きました。午前中二時間の稽古が終ると、一同揃って昼食です。この時は、『オリンピック』という洋食屋さんが多くて、今日はオムレツ、明日はカツレツと、来る日も来る日も洋食を食べていました。短期間にあれほどまとまって洋食を食べたのは、あの時が初めてだったと思います。

当時の私は、貧乏していましたからね。養父はその日暮らしの人で、いつの間にか去り、私は養母とふたり暮らし。当時、三個一〇銭だったコロッケもなかなか買えないご馳走でした。コロッケは、肉屋で売っていましたよ。買うと必ずキャベツの千切りを添えてくれて、養母とふたりだけの食卓にそれが並ぶと、とても嬉しかったものでした。

ところが、『赤城の子守唄』の後、共演した東海林太郎さんが、私を養女にしたいと藤田まささんを通じて言ってきたのです。当然、養母は猛反対。それでも、東海林さんは引かない。どういう密約があったのかは、一〇歳だった私には詳しいことはわかりませんが、結局、私は、養母とともに東海林家に住むことになりました。

東海林さんはその時三六歳。私と同年代の息子さんがふたりいて、学校の友達などいなかった私は、彼らとすぐに仲良しになりました。けれども、階下に養母がいながら、夜は東海林さんの布団で一緒に寝たり、すっかりお嬢様扱いで大変戸惑いました。あっちに気兼ね、こっちに気兼ねで、いったい自分はどこに身を置いたらいいのだした不思議な期間を思い出します。東海林家を出ました。『オリンピック』の洋食の味とともに、東海林さん夫妻と暮らした不思議な期間を思い出します。

パリのクロケットと銀座のコロッケ

戦争の暗雲が立ちこめると、宝塚少女歌劇や松竹歌劇団が廃止され、アメリカ映画やイギリス映画は上映禁止です。映画館では、軍検閲のニュース、文化映画が強制上映されるありさまでした。

そして、敗戦――。

私の好きだった銀座は、焼け野原。映画人はもとより、日本中の人たちが打ちひしがれていました。でも、あなたも私も丸裸、という状況になると、逆に強くもなれるもので、戦後の復興は、ものすごいスピードで始まりました。銀座にもバラックが建って、戦前のお店もしだいに帰ってきました。

そして、映画も昭和二一年には新作の準備が始まって、徐々に活気づいて、私にも再び忙しい日々が帰ってきました。年ごろなのにボーイフレンドも作れないどころか、外で食事をすることもままならない。人気が上がっていく一方で、自由になれないもどかしさもつのりました。

銀座には『つばめグリル』なんて、気さくな洋食屋さんがありましたが、私はそうしたお店には行きたくても行けませんでした。当時、銀座で私が落ち着けたのは、『資生堂パーラー』だけではなかったでしょうか。少しおしゃれしないと行けないお店、そんな雰囲気が資生堂にはありまして、そこでコロッケを食べるのが楽しみでした。

さもなければ、食事はホテル。ほかに行ける場所がなかったのです。今でこそ女優さんも気軽に街のお店に行きますが、その頃は、まったく違いました。いつもみこしにのせられているようで……。そんな日々を清算して、昭和二六年、私は単身パリへ留学しました。

もちろん、フランス語などまるでできませんでした。渡航自由化前で、出国前にはたしか大使館で面接がありました。パリで下宿を提供してくださったのは、ソルボンヌ大学の教授ご夫妻。それは厳しくて、夜遅くの外出は禁止でした。それでも、私は、留学の半年間でフランス料理というものを知りました。ピンからキリまで食べ歩いたのです。

コロッケのもとになったクロケットを初めて食べたのもその時です。私の食べたクロケットは、湯たんぽぐらいの大きさで、鶏を一羽丸ごと入れてコロモをつけ、ディープフライしたもの。量は二、三人前というところでしょうね。フライにすることは同じでも日本のコロッケとはまったく違う料理だと思いました。

日本人はほんとうに器用ですね。西洋で生まれたものを日本流に変えていって、洋食という日本食に仕立ててしまうのですから。でも、日本人のテーブルマナーはむちゃくちゃです。食べ方も下手ではないでしょうか。

列車の食堂車でもこんなことがありました。昭和二〇年代だったと思いますが、食堂車の中で老紳士が西洋料理を食べていましてね、その方はウンウン言いながら、丸いパンをナイフで切っていました。そうしたまちがいが多く起こったのも洋食の歴史です。テーブルマナーは、普段の食事の時に覚えないとだめですね。家庭で食べる時もナイフ、フォークを使うようにしてこそ、使い方やマナーも覚えられるのではないでしょうか。もちろん子供の時から教えるべきです。

谷崎潤一郎のビフテキ

私は、結婚するまで、家事というものをしたことがありませんでした。結婚したのは三〇歳、昭和三〇年です。女の三〇歳といえば、当時はかなりオバサンです。ここで、家事をしなければ、せっかく獲得した夫を逃がしてしまうと、料理も一所懸命やりました。レタスは手で千切る、大根おろしは食べる直前におろすなどの、当たり前のことさえ知らなかった私が、なんとか人に食べてもらえる料理を作れるようになったのは、やはり女優という仕事のおかげでした。

仕事の関係で行ったレストランや料亭で、必ずカウンターに近い席を取ってもらうのです。そして、調理場をのぞき込み、真似できそうなことがあれば、真似をし、食べながら味付けを覚えようとしました。

食べもののことで忘れられないのが文豪、谷崎潤一郎先生です。昭和二四年に撮影が始まった谷崎先生原作の『細雪』に出演したのがきっかけで、亡くなるまで何度も食事をご一緒させていただきました。京都のお宅や湯河原の家では、和食一辺倒で、出前は料亭『辻留』。板前さんが材料から皿、小鉢まで持って、出張してくるという豪勢なものでした。また、牛肉は『小川軒』からわけてもらっていましたね。昭和二四年当時、谷崎家の台所の費用は三〇万円を超したそうです。時々東京に出ると、決まって銀座で、和食ではなく西洋料理を食べていらっしゃいました。

「どこかにおいしいビフテキはありませんか」

そんな電話をいただいて、銀座にビフテキを食べに行く約束をしたのは昭和四〇年の夏でした。でも、それからひと月もしない七月三〇日、突然、私のもとに谷崎先生の訃報が届きました。ちょうどその日は、ビフテキを食べる約束の日だったのです。

谷崎先生と接して教えられたのは、食べることに興味と情熱を失ってはいけないということです。世の中には、食べることなど労働のためのエサぐらいにしか考えない人もいるようです。でも、私は食べることに情熱のない人は、他のことにも情熱が薄いのではないかと思います。

私も食いしん坊です。今年七五歳になりますが、今でも肉をよく食べます。年をとってからの脂分は、身体に良くないとも言いますが、私も主人の松山善三もいたって元気です。身体が要求するものを素直に食べればよい。ただしバランスよく。これが私のモットーです。

そういえば、主人との初めてのデートも銀座でした。フランス料理の『レストラン・シドレ』というお店です。『二十四の瞳』の撮影で知り合った彼は、当時、月給一万数千円の助監督。格式ばったレストランの中で居心地悪そうにしていました。

料理がきて、私が「どうぞ」と言っても「ハイ」というばかりで、まったく料理に手を付けない。「もしやフランス料理が嫌いなのでは」と私がはらはらし始めた時、彼は言いました。

「この料理はどのナイフで食べるのですか。先に食べてください。真似をしますから」

私は、はっとして、こう答えました。

「どれを使ってもいいのじゃないかしら、おいしく食べられれば……」

すると、彼はようやく食べ始めました。それを見ながら私は、こんなに率直で素直な人がいるのだなと感動し、その時、彼との結婚を決めたのです。(談)

(『別冊サライ』一九九九年四月十八日号)

その名もみやびな「摘草料理」

*この店この味！

深い緑の中に名残の紅葉が色をとどめ、美々しい朱色の社《やしろ》が見えかくれする、という、まるで歌舞伎の舞台装置のような鞍馬山をあとにして、私たちの乗ったタクシイはさらに曲りくねった山道をたどって、花背峠というみやびやかな名の峠をさして走りつづけた。

摘草《つみくさ》料理が好評の「美山荘」は、以前に司馬遼太郎ご夫妻にお誘いを受けたことがあり、その後も何度か評判を聞いていたので、いつかは行ってみたいとおもっていた宿だった。

京都市内を出発して二時間あまり、両側から車におおいかぶさるようだった木立ちが、突然、といった感じでパラリと開けて空が広くなり、小さな家庭菜園ほどの畑をはさんで左右に分れた「美山荘」があった。この宿は、もともとが大悲山峰定寺の参《さん》籠《ろう》の宿所だったそうで、「摘草料理」の看板をかかげて本格的な料理旅館として営業をするようになってから、まだ十余年だそうである。

大悲山峰定寺は、開祖の三滝上人《しょうにん》観空によって今から八百三十年ほど前に創立され、現在は仁王門、本尊ともに重要文化財になっているが、工事中とかで拝観はできない。というよりも、本堂へ行きつくには四百三十余段の石段を登らなければ、と聞いただけでヘキエキし、花よりダンゴ、と、「美山荘」の摘草料理に期待するばかりだ。薄紫色に暮れなずんできた山々を背景にした、ささやかな平屋造りの宿は、質素というより素気《そっけ》ないほどに地味なたたずまいだった。モンペ姿の、物腰の優しい女中さんに案内された二間《ふたま》つづきの部屋にはラジオもテレビも新聞もなく、床の間の吉井勇の掛け軸だけが唯一の色彩で、シンと静まりかえっている。賑やか好きの都会っ子なら戸惑って浮き足立つところだろうが、私たちのようなくたびれ果てたオジンとオバンにはその静けさもまたご馳走である。「ドッコラショ」と座布団の上にへたりこんでガラス越しの緑をながめてひと息ついた。

膝頭《ひざがしら》から這いのぼってくる山の冷気に、押入れから厚手のドテラをひっぱり出して肩に羽織った。「お風呂はいかがでしょうか?」と両手をついた女中さんの声に、肩先をちぢめていた夫・ドッコイは「風呂、入ろっと！　お前さんも一緒に入っちゃいなさい、あとの人もいるんだから」と、立ち上がった。この人、無類の風呂好きで、特に美味《おい》しいものを食べる前のひと風呂が楽しみなようである。冷たい廊下の床を踏んで飛びこんだ脱衣場の電灯は煌々と明るく、洗面所にはお湯も出るし清潔なタオルも充分に用意されていて、神経のゆき届いた造りであった。大きなガラス戸さえなければ山の中の野天風呂といった感じの風呂場だが、たっぷりとした檜の湯舟はよく洗われぬかれていて気分は最高、オジンオバンはあごまでお湯につかって思わず「うーん」と溜息をついた。

「ホント、司馬先生のお好きそうな宿だねえ」と、二人で顔を見合せる。

パジャマの上にドテラを着こんで向い合った食卓に、朱塗りの盃と冷酒が並び、お目当ての山菜料理が次々と現われはじめた。ふつう山菜料理というものは見た目も美しくなく味もたよりないものだけど、朴《ほお》の葉の上で焼きながらのギンナンの味噌焼き、天魚《あまご》の糸造り、ウズラの焼き物、カブラのおすし、菊の花のトンブリ和え、自然薯《じねんじょ》の酢の物、と、どれも少量だが、どれも吟味された食器に盛りつけが映え、文字通り、心のこもった味だった。

「天魚って、鮎より上流にいるんだよね」

「トンブリってホウキグサの実って言っちゃうとそれこそ実もフタもないけど、さすがにオツなお料理ねえ」

「ムカゴのご飯だ、楽しいね」

えんえん三十品ほども運ばれた料理に話題はつきず、「あの、もう一本熱いお酒たのみまーす」と、夫・ドッコイの声もはずんだ。

ガラス戸の向うは漆黒の闇、いま何時かしら？　いや時間なんかどうでもいい、ラジオもテレビも新聞もないのだから時計も見る必要がないではないか。

「布団、これで寒くないのかな？」と呟きながら寝床にもぐった足先が、あたたかいコロンと丸いものにぶつかった。湯タンポ？……懐かしいものに出会ったな、起き上ってとり出してみたら木綿の袋に閉じこめられた煉炭《れんたん》のこたつだった。

夕食の美味しい宿は必ず朝食も結構と相場が決まっているから、翌朝は京都へ戻る前に遅い朝食をたのんである。別棟の広間を贅沢に二人だけで使って御膳に向う。天魚の鞍馬煮、自家製らしい納豆の小鉢、味噌汁の実はお豆腐と、たぶん前の畑からぬき取ってきたばかりの長ネギ。そして大鉢に盛られた筑前煮につづいて小松菜と油揚げの煮びたし……。「もう、いいかげんにせいよ」と、自分に言い聞かせながらも、つい箸がのびてしまうので困り果てた。

風雅な里の命の洗濯で、久し振りに爽快な気分になって、玄関を出たとたんに、峰定寺の石段をチラと横目で睨んだけれど、四百三十段はしょせん無理、やはりヤメトコ。まだ年若い美丈夫のご当主とモンペ姿の美しい奥さんに見送られて、私たちは再びタクシイに乗りこんだ。


（『旅は道づれ雪月花』一九八六年）

あなた食べます

*まだまだ食べたい

一年ほど前だったか、ある出版社から「食べものエッセイ集」の編者をやれ、という注文がきた。

私のような独断と偏見に満ちたヘソ曲りが他人《ひと》さまの文章を選ぶ、などとはおこがましいし、朝、目ざめたときにはもうくたびれているという現在の体力では、出版社があらかじめ集めるという各エッセイを読み通すほどの元気もない。とかなんとかぬらりくらりとグズついているところへ、ある日、出版社からドカン！　と大きな宅配便が到着した。

私の力では持ちあがらないほど重い段ボール箱の中には、単行本や文庫本、その他、食に関するエッセイのコピーがぎっしりとつめこまれていた。私は、一目みただけでげんなりと肩をおとし、仕事机のある寝室までズルズルと箱をひきずり入れてはみたものの、もともと食いしんぼうで意地きたない私は、寝室へ出入りするたびに箱の中味、というよりエッセイの内容が気になってしかたがない。一冊とり出しては読みふけり、二冊めを開いては読みすすんでしまい、「こんな筈ではなかったのにィ」とブーたれながらも、だんだんと面白くなってとめどがなくなってしまった。

エッセイといっても、料理の作りかたやレシピばかりの、いわゆる料理の本ではなく、食の周辺にまつわるお話ばかり、話題は四方八方にとんで幅広い。当然のことだが、個性豊かで食に一家言ある著者先生がたの文章は、「食」への思い入れを通して、人生に対する姿勢までがそこはかとなくうかがえて興味津々、かの有名なブリヤ・サヴァランの「あなたがなにを食べているかを言えば、私はあなたがどんな人であるかを当てることができる」（『美味礼讃』）という名言が行間にチラついてくる。そうこうする内に、私は、著者その人を俎上に載せ、料理に見立ててひそかに楽しんでいる自分に気がついた。不遜なヤツめとお叱りを受けるかもしれないが、ちょっと失礼して二、三御披露をさせていただく。

まずは文壇の大御所、池波正太郎氏は、「うなぎの白焼き」以外のなにものでもないと私はおもう。粉引《こひ》きか青磁の、なんのへんてつもない長皿に、一片のうなぎの白焼きが、ただ素直にのっていて、ひとつまみのわさびおろしだけが皿の単調さをひきしめているところがまずカッコいい。

箸のさきで千切った白焼きにわさびをのせ、ちらと醬油をつけて口中におくりこめば、白焼きは舌の上でまろやかに崩れてなんの抵抗もなく喉をすべり落ちてゆく……。滋味という二字が紬《つむぎ》の着流しに角帯をしめて下町を散歩し、そば屋ののれんをスイとくぐって、御注文はとりわさと熱燗一本。ある日は背広姿で銀座に出向き、洋画の試写をのぞいた帰りは古風な洋食屋で山盛りのキャベツによりかかったビーフカツレツをさかなにビールを一本。チキンライスをきれいに平らげて家路につく。なんということはないけれど、仕事も生きかたもしっかりと地に足のついた人、それが池波正太郎の世界だった、とおもう。

辻調理師専門学校の校長であった辻静雄氏は、もと新聞記者で、昭和三十五年の当時は一皿五十円のカレーライスと三十円のラーメンしか知らないヤボ男だったという。そのドしろうとが料理学校長の長女との結婚を機に一念発起、世界中を駆けめぐって料理のイロハから勉強し、飲めないワインに挑戦し、やがて八校を擁する調理教育という城を築いてその頂上に立った。

辻さんは千軒以上のレストランを食べ歩き、料理店の主人やコックの意見を聞いてまわったということだが、頼りにするのは自分自身の舌一枚、さぞ、孤独と試行錯誤の日々であったろう、と、こちらの胸まで痛くなってくる。辻さんの生涯をおもうとき、私は一皿の野菜料理を彼に譬《たと》えたくなる。それは豪華なフランス料理でもなければ、手間ヒマかけた中国料理でも美しく粧《よそお》った日本料理でもなく、誰にでも作れるまことに簡単な一品である。

料理の名はシンプルそのもので「アンディーヴのグラタン」。材料は、ベルギー生まれのアンディーヴ三、四本とコンソメスープ、ただそれだけである。

バターをとかしたグラタン皿に、洗って水を切った新鮮なアンディーヴを並べ、塩と胡椒で味を整えたコンソメスープをヒタヒタと注ぎ入れてオーヴンに入れる。アンディーヴがフツフツと煮立ち、じんわりとすきとおってきたらサッとテーブルに運んでアツアツをサッサと食す。アンディーヴの持つホロ苦さが口中に広がって「しゃれた大人の味」としか言いようがない。いまから二十年ほども前、私たち夫婦が何ヶ月もパリをうろついていたころ、小さなレストランでこの一皿に出会い、アンディーヴ恋しさにせっせと通いつめた思い出があるけれど、現在《いま》は大きなスーパーマーケットやデパートの野菜売場で手に入るから自宅の台所でも手軽に作れる。

苦味が旨味に変化する野菜は蕗《ふき》のとうや、にがうり（ゴーヤ）などもあるけれど、辻さんにはズバリ大人の味、アンディーヴがよく似合う。

女優で、優れた随筆家でもあった下町育ちの沢村貞子さんは、サラリとした人柄だった。そして、その生きかたも洗い髪のようにサラサラとして、私は人生の先輩として大好きな人だった。人とのつきあいも、つかずはなれずで、よくいえばサッパリカン、悪くいえばソッ気ない。私がまだ少女俳優だったころ、沢村さんも同じ東宝映画にいて、昼食時間には、結髪室の片隅にきちんと座って、お手製の小さなお弁当箱を開いていた。

沢村さんはときどき「デコちゃん、今夜はウチでごはん食べよう」と、誘ってくれた。気もちのそぐわない養母と二人暮しで、いつも暗い目つきをしていた私に情をかけてくれたのかもしれない。沢村さんに連れられて、当時世田谷の北沢にあった小さな日本家屋に到着すると、沢村さんは撮影で疲れた気配もみせず、いきなりキリリとたすきで両袖をしぼりあげ、前かけをかけ、台所に立って冷蔵庫をのぞきこみながら手際よく二、三品のチマチマとした料理を仕上げた。

茶の間に食卓はなく、長火鉢の広いふちに小ぎれいな小鉢や小皿が次ぎ次ぎと並べられて見事だった。艶やかな紫紺色で、ほどよく漬かった茄子のヌカ漬けがとびきり美味しかったことを、私はいまでもはっきりと覚えている。

だから、沢村さん即、茄子のヌカ漬けというイメージがあるが、それではあまりにピッタリしすぎて曲がない。少々よそいきに気取って「鱧《はも》のおとし」はどうかしら？とおもう。一流の板さんが鱧切り包丁をふるった真白い鱧の身を一口切りにし、熱湯にポトリと落としてすぐに引きあげて冷水にひたす。さしみ鉢に盛られた小いきな鱧には梅肉、わさび醬油、どちらも合うが、わさび醬油のほうがキリッとして、より沢村さんらしい。

関西、とくに京都のお人は鱧のおとしを食べないと「夏がきたよな気ィがしまへんな」と珍重するが、いまの若者たちにはあまりにも淡白でお呼びがないらしい。

時代が変われば人も変わり、人が変われば味覚まで変わってゆくのが当然かもしれないが、古人間の私はなんとなく、少し淋しい。

嵐山光三郎氏の文章を読むたびに、いったいこの人の頭の中はどうなっているのか？　と、私はふしぎにおもう。分ったようで分らなく、分らないようで分る気もして、なんとなく気になる人なのだ。

「レタスの白い葉脈は、頭の悪いハリウッド女優の歯ぐきのようだ」などと書かれると、そうだそうだと快哉を叫びたくなるけれど、すぐき、わさび漬け、梅干をマヨネーズでかきまわし（ゲッ！　気もちが悪い）トーストにのせてみたり、塩ゆでしたエノキダケをタタミいわし風に干しあげて「ぼくの発明品だ」とイバったりされると、もう私にはついてゆけない。なにごとも、意欲的を越えて戦闘的なハチャメチャさに、私の頭の中までハチャメチャに混乱してしまう。が、百歩ゆずっても嵐山さんは「鮎の塩焼き」ではないことはたしかである。といって、嵐山さんの好物だというスッポンの煮込み（紅焼甲魚《ホンシャオジャユイ》）とか、特大ナマコの煮込み（紅焼海参《ホンシャオハイセン》）ともちょっとちがうような気がする。そこで、蛇の羹《あつもの》（龍鳳会《ロンフォンフェイ》）の一品にしようと決めた。

中国の蛇料理屋の店先には必ず網目の細かい金網の檻が積まれていて、中には無地（？）やらだんだら縞模様の蛇たちが、うねうね、くねくねと這いまわっている。日本のほとんどの女性は一目みただけでギヴアップ。「アラ、美味しそう！」と喜ぶ人はまずいない。

蛇料理といっても、大丼に蛇がとぐろを巻いて出てくるわけでもなく、大皿に蛇が長々と寝そべって現れるわけでもない。ごく簡単に説明すれば、まず五、六時間ほど蛇を水で煮る。鶏、土ねずみ、鮑《あわび》、そして椎茸、木くらげなどのすべてをマッチ棒ほどの千切りにし、これも千切りに刻んだ蛇の肉を加えて炒め、カタクリ粉でドロリととじる。スープ用の容器の中でホンワカと湯気を立てている羹が運ばれてくる前に、食卓に黄菊の花びらと、レモンの皮の細切りを盛った小皿が置かれる。つまり、この二品が出現すれば「次ぎのお料理は蛇であります」というサインでもあるのだ。

めいめいの茶碗にとり分けられた羹の上に、匂い消し、兼、薬味でもある菊の花びらとレモンの皮をパラリと散らして、やおらちりれんげを持つのだが、材料のすべては同じサイズの細切りになっているから、どれが鶏で、どれが蛇やら鮑やら判然としないうちに、羹はトロリとめでたく胃袋に流れ落ちてしまう、という寸法になってい て、分ったようで分らないハチャメチャ才人、嵐山氏にはぴったりの一皿だとおもう が、如何なものでしょうか？

私には、人を恨んだり、嫉《ねた》んだり、羨《うらや》んだりという感情が希薄らしい。子供のころ からなぜかシラーッとしらけていて、他人は他人、私は私、と割り切っていたことと、 ただの一度もイジメられたという思いを経験したことがなかったからかもしれない。 が、その私にも現在ただいま、たったひとつ「羨ましくてしかたがない」ことがある。 それは「おかかえコックが欲しい」ということである。

私の知る限り、どんな大金持ちといえども、おかかえコックを使って優雅に暮して いるのは邱永漢氏の他にはない。

邱家の夕食会に招待されたとき、相客は阿川弘之御夫妻、開高健御夫妻と、私と夫・ ドッコイ、そして邱さん御夫妻の八人が食堂の丸テーブルを囲んだが、中国料理店で はとうていお目にかかれないような山海の珍味がタイミングもよく十二品も現れたの には心底仰天した。聞けば邱家には住み込みの中国人のコックさんがいる、という。 「腕がよくて利口なコックほど巧妙にピンハネをするけどね。美味しいもの作ってく れるからしかたないでじょ」という邱さんの言葉に、私は「こりゃ、スケールがちがうわい」と二度仰天した。

中国料理の食材には、日本国で入手不可能のものが多い。材料が手薄になると、邱さんはただちに食材調達のためにコックを台湾まで走らせる。

邱さんの博識と食いしんぼうは有名だが、邱さんはコックまかせでただテーブルの前で料理が出てくるのを待っている人ではない。料理のことならそんじょそこらのコックや板前より、くわしく、広く、深いのだから、さぞや毎食がコックとの丁々発止の一騎討ちだろうと、想像するだに面白くこっけいだ。

私は、台湾や中国旅行のときには邱さんに美味しい店を紹介してもらうのだが、邱さんが香港へ引越しをすると聞いて、あわてて電話をかけた。

「どうして、香港へ引越すんですか？」

「どうしてったって、きまってるじゃないの。香港のほうがゴハンが美味いからですよ。香港でレパートリーを広げておきますから、いらっしゃいね、待ってるよ」

「プン！」

邱永漢氏を讐える一品は、はじめからちゃんと決まっている。それは「酔蟹《ズエイシエ》」という、中国料理の前菜、酒のさかなである。手足をバタつかせている存命中のわたり蟹を、情容赦もなく上等の老酒《ラオチユー》の壺の中に沈めこんでフタをする。活き蟹が充分に老酒を呑んで、ぐでんぐでんに酩酊、落命したら引きあげて、これをまた情容赦もなく一口大にぶった切って皿に並べて食卓に運ぶ。はじめから死に体の蟹はまるでペケで、口に入れればすぐ分る。とびきり高価な前菜だけれど中国料理ならではの珍味で、甲羅ごとチュウチュウとしゃぶればこの世の口福、私の大好物のひとつでもある。

御馳走をいただく、ということはもちろん楽しくありがたいことである。が、ものを食べているとき、下アゴをガクガクと上下させて、頬っぺたのあたりがのびたり縮んだりするサマは、どんな美男美女といえども、美しくみえるどころか見苦しく醜悪でさえある、と私はおもっている。

日本国のテレビや映画にはやたらとなにかを食べているシーンが多い。とくにテレビドラマは「メシ食いドラマ」といわれるほど、なにかにつけては食卓を囲んで喧嘩をしたりおめでたがったりしたあと、メシを食ってすべてが結着、一丁あがりとなる。

私も女優だったころ、映画の中で、何回、何十回も「食べる」シーンがあった。菓子や果物、お茶づけ、ラーメン、といろいろだった。そんなとき、私は如何にして観客にアゴガクガクをみせないようにするか、と、ひとりひそかに魂胆をめぐらせたものだった。映画は舞台とちがって食べているフリをするわけにはいかない。そこで、ラーメンならはじめから丼の中味をほとんど空にして、最後の二、三本をすすり、さも、食べましたという顔をしてゴマ化す。御飯ならお膳に茶碗を置いて、何気なく湯呑み茶碗などに手をのばしながらセリフを言ってゴマ化す。演出家や相手役がヘンな顔をしようがしまいが、そんなことはおかまいなく、ゴーイングマイウエイで押し通してきた。このような素直でないひねくれ俳優は私だけか？　と首をひねってみたが、そうでもない。天才怪人の北野武氏も、

「映画での食事のシーンというのも、おれは好きじゃなくてね。何年か前の『汚れた英雄』という日本映画で、草刈正雄が外人のモデルみたいな女に花をいっぱい贈って食事する場面があるんだけど、こういうのを貧乏くさいというんだなと思った。そういう行為がすばらしいことだと思っている、その貧相さがたまんないんだよね。おれ、排泄行為と、そのもとになる食べ物を口の中に入れるという行為は、ほとんど同じだと思ってるんですよ。なんか下司なような気がしてね。食事をしながらインタビューされたり、『この味はどうですか』なんて訊かれるの、仕事だからやることあるけれど、すごいつらいなと思う……」（『「食」の自叙伝』文藝春秋編）

と言っていて、私は「そうだそうだ」と胸をなでおろした。

食べかたウンヌンはともかくとして、再び料理。つべこべと言いたい放題を抜かしている当の私、高峰秀子を料理に譬えるならなんだろう？　と考えてみたけれど、こういうことは他人が決めることで、自分では分らない。ただ、私の大好物をひとつあげれば、断然、小鳩のローストである。お茶の葉で軽く燻《いぶ》した丸ごとの鳩（明炉焼鴿《ミンルウシヤオゴオ》）

を手づかみにしてひき千切り、なりふりかまわず食らいついて骨までしゃぶる楽しさは最高である。が、その食いザマたるやとても他人《ひと》さまにはおみせできないから、鳩ののった大皿を抱えて密室にこもり、歯をムキ出してゆっくりと鳩ポッポに迫りたい、というのが、私の夢である。

さて、ブリヤ・サヴァランの人物評定はどうでるだろうか？……と、そんなこんなで「食べものエッセイ集」という小舟は、もはや岸をはなれた。どこをどう流れていくか皆目わからないが、とにかくどこかに到着するまで「編者」という船頭はひたすら竿をあやつらなければならない。「編者どころか、変者じゃないか」と笑われぬように、チャラチャラとふざけてないでマジメにおやりなさいよ。ハイ。わかりました。

（『オール讀物』一九九八年九月号）

こだわることは、素敵

＊まだまだ食べたい

おさしみに敬意を表して
うすもも色に脂がのったトロ
すきとおるような平目の薄造り、そしてコリコリの赤貝……
これほどシンプルで、これほど美味しい料理は
世界にも二つとありません。
これは四方を海に囲まれてしょうゆという調味料をもつ
日本人だけの特典。
だって、海に囲まれているけれど、生の魚を食べない国は、たくさんあります。
でも、近頃は、新鮮なお魚を手軽に買うことがむずかしくなりました。
マグロなんて、遠くの海からはるばる運ばれてくるんですものね。
おさしみは、今、最高のご馳走！

おいしさにこだわって、生き方にこだわって
ふり返ってみると、ずーっと私は、モノに執着して生きてきたような
気がする。家具に凝り、陶器に惚れ、美味にこだわって……
自分の好みをガンコに通すことは、「自分」を大切にすることなんです。
今は、「こだわり屋さん」が増えてきて、それはとってもいいことだ、と思う。
でも、どんなに料理にくわしい人でも
しょうゆ、となると、わりあい無頓着なのは、どうしてでしょう。
ご馳走には、ご馳走のしょうゆ
おさしみは、「料理の芸術」といわれるほど、見た目にも美しい。
その美しさ、おいしさにふさわしい物を私は選びたい。
着るものに、オーディオに、こだわるように、自分の舌にも、こだわって。
こだわれば、キッコーマンさしみしょうゆ
生魚の、新鮮な色彩をけがさない、ほどよいトロミ。
生臭さをやさしくつつむ上品な香り。
素材の味をひきたてる、豊かなうま味――
キッコーマンの醸造技術が、さしみ専門のしょうゆを創りあげました。
四百年ほど昔の江戸時代に、今のようなしょうゆが完成して

現在のさしみ料理を誕生させたように
今、またキッコーマンが、そのおいしさを高めます。
こだわることは、おいしい。

（『毎日新聞』一九八二年一月一日）

谷崎潤一郎　食いしん坊の大文豪

＊まだまだ食べたい

谷崎先生との初対面は、映画の「細雪」（昭和二十五年・新東宝）の時。確か、熱海のご自宅だったと思う。

四女の妙子役を演《や》ることになった私に、先生が「実際の妙子さんから芦屋言葉を習ってください」とおっしゃって。「映画の関西弁というと、たいてい京都弁か、大阪弁の漫才みたいになる。せめて映画の中で一人ぐらいはきちんとした芦屋言葉を喋ってほしい。それをあなたがやってください」って。それで妙子のモデルになった島川信子さんにじかに芦屋言葉を教えてもらって、それがご縁で先生とは家族ぐるみのお付き合いをさせていただくようになったんです。

先生の第一印象？　やっぱり偉大な感じでしたね。大きな人間だっていう印象だった。私が人生で一番ご馳走になったのは、梅原（龍三郎）先生と谷崎先生のお二人。梅原先生は中国料理が好きで、谷崎先生は徹底して日本料理でした。谷崎先生は「中国料理なんてゴミ溜めだ」、梅原先生は「日本料理なんて〝風〟食ってるようだ」って（笑）。

とにかく谷崎先生は、仕事の他は、ひたすら食べることばっかりという印象でしたよ。

よくお引っ越しをされたんだけど、一番よく伺ったのは熱海のお宅です。

私が結婚してまもない頃、熱海のおうちへ「天麩羅食べにいらっしゃい」というんで、松山と一緒にお昼に伺ったことがあるんです。それでお手伝いさんが台所からどんどん運んでくれる揚げたての天麩羅を戴いてたら、松子夫人が「東京から出版社の方達がご挨拶にみえました」。その途端、先生は箸をぶん投げて、「今から天麩羅を食べようというのに何だッ。帰ってもらいなさい！」。松子夫人が「せっかく東京からおみえになったんですから……」って言うと、先生は物も言わずに席を立ったかと思うと、玄関に仁王立ちになって、「食事中に無闇やたらと来られては迷惑です。ごめんください！」って。

でも普段はまことに上機嫌。もう食べることが大好きだっていう感じで、お汁なんてこぼそうものなら、スススッてテーブルに口をつけて吸っちゃうの（笑）。先生はすごくせっかちだから、ゆっくり食事を楽しむんじゃなくて、子供みたいに、もうガツガツ食べる。

ある時、お昼に、京都から東京へ四人で汽車に乗ったことがあったんだけど、先生が私達の切符まで買ってくださって。その時「たん熊」の板前さんがお弁当を四つ、届けてきたの、駅まで。そうしたら、汽車がまだ出発しないうちに先生はお弁当を食べ出した。

先生が京都にいらした頃は、よく「美味しいもの食べにいらっしゃい」って手紙が来たの。それで「人にご馳走する」ってこういうものかと思ったけど、行くとね、「佐々木」という一流の宿屋までとってあって、そこへ、どっかで鶏肉を買って、先生が自分でぶら下げてきて、お昼にスキヤキしてくれたり。嵐山の吉兆でご馳走してくださった時は、「まだ早いから昼寝するか、船にでも乗りなさい」って、桂川に屋形船を用意してくれたり、とにかく何から何まで用意してくれましたよ。

可笑《おか》しかったのは、先生ご夫妻と私達夫婦が京都の「たん熊」で食事をしてた時。先生が突然「タクシー呼んでください」と言って、「一足お先に」って奥様を連れて帰っちゃったの。どうしたのかしら、気分でも悪くなったのかしらと思って、私達も宿屋に帰ったんです。そしたら松子夫人から電話でね、「さきほど、何か匂いませんでしたか?」って。「いいえ、何も匂いませんでしたよ」って言ったら、あんまり上からつめこみすぎて、下から漏っちゃったんだって。何も下から漏るほど食べなくてもいいと思うんだけど(笑)。

東京では「福田家」が谷崎先生の定宿だったの。その時は川頭（義郎。映画監督）さんも一緒だったんだけど、食事してたら、先生が突然「女将を呼びなさい」って、怒り出したんです。それで女将さんが来たら、「私は年寄りだからこれでいいけど、今日のお客さんは――川頭さんと私達夫婦ですね――若い方達だから、物足りないと思いますよ！」って。でも私達は美味《おい》しく戴いてたから、「いいえ、もう満腹です」って言ったんだけど、本当は、先生ご自身が物足りなかったんだと思う。

福田家には、出ても出なくても、ずうっと朝から中央公論社が先生のためにハイヤーを待機させてました。そのハイヤーに乗って、銀座に「フジヤマツムラ」っていうすごくいい洋品店があったんだけど、そこに一緒に行ったことがある。先生はネクタイを十本ぐらい買ったわ。先生はご自宅や宿屋では和服だったけど、外出する時は洋服。全然、似合わないの。脚が短くて、太ってる（笑）。

中央公論社の当時の社長だった嶋中（鵬二）さんが私に言ったことがあるけど、「もう谷崎先生が東京へ来るっていうと、すごくお金がかかる」って。定宿は福田家でしょう。車は常に置いとかなきゃいけないし。でもそれだけ遇されるほど、谷崎先生は中央公論社にとってドル箱だったんです。

京都の谷崎邸は庭に泉水があるようなとても洒落たお宅で、夏に伺った時、「先生、このうちは涼しいですね」って言ったら、「そりゃそうだよ。『細雪』の印税で買ったんだから」って笑ってらした。

奥様からしてそうだけど、とにかく何事にも一流じゃなきゃイヤな方でしたね。

亡くなった日も、東京で四人でビフテキを食べる約束をしてたんです。でもご自分

の誕生日に食べ過ぎて風邪引いて、それがもとで亡くなったの。最後まで本当に食い

しん坊な先生でしたよ。（談）

五十九歳・結婚二十九年の夫婦円満、料理の秘訣

＊まだまだ食べたい

もうすぐ結婚三十年だけど、夫婦円満の秘訣なんてなにもない。古い女だから、我慢してるだけですよ（笑）。

いくら交際期間が長くても、結婚してみなくちゃわからない。一緒に寝て、起きて、暮らしてみて初めてわかるのよ。

この人なら絶対と思って結婚したら、まったく違うってこともありますけど、ただ、いくつかの共通点があれば、なんとかもつものじゃないかしら。

たとえば、うちはふたりとも夜型で、朝寝坊なの。それと、おいしいものを食べるのが好きだし、わりに几帳面で、手紙はすぐ返事を出しちゃうし、そういう、ちょっと似てるとこがあるのね。

だから、ほかのことがダメでも、まあまあ我慢できるということじゃないかしら。

にんじんおろし

このごろは、怠け者の主婦が多いらしくて、3分か5分でできる料理の本を書けという注文で書いたのが、『台所のオーケストラ』なの。

あのなかに、大根おろしににんじんをおろしてかけるのがあるけど、ファンの人から手紙がきたの。あんまりバカバカしいから、吹きだしちゃったけど、やってみたらおいしかったって（笑）。

あれは灰田勝彦さん（歌手、故人）に、松山（夫・松山善三）が体が弱くてしようがないと話したら、それなら、にんじんのおろしたのを毎日食わせろというの。にんじんだけじゃちょっと無理だから、大根おろしと合わせてみたの。そしたら、ピリッとしてにんじんの臭みがなくなって、おいしいんですよ。

松山はすごく好き嫌いの多い人で、お漬け物が嫌いで、たくあん絶対ダメ、とろろもすったのはダメ、マヨネーズも大っ嫌いといった人なんです。

で、とろろはすらないで、細切りにしたり、サイの目に切ったりして、わさびじょうゆで食べさせたりするけど、これだと食べてくれるのね。

ほんとにわがままなガキがひとりいるようなもんだから、なだめすかして食べさせてるけど、おかげで、いろいろくふうすることをおぼえちゃった。

秘訣なんてべつにないけど、料理というのは、本に書いてあるとおりじゃなくて、自分でちょっとプラスアルファーを考えれば、いろいろできるんじゃないかしら。たとえば私は、いま歯が三本抜けそうだけど、ごぼうが大好きなの。ごぼうは固いけど、たたけばいいわけね。ごぼうをまわしながら、金づちかなにかでたたくの。そうして煮ればやわらかい。

せっかく頭があるのだから、おおいに使わなきゃあね。

ときには荒療治も

女優さんのなかには、台所に絶対はいらないという人もいるけど、私の場合、庶民の役が多かったから、わりと台所まわりの芝居が多かったの。だから、大根切れなきゃしょうがないじゃない。

それに私は、転んでもただでは起きない人なの。子供のころ、すごく貧乏で、母とふたり、大森の六畳ひと間のアパートに住んでたけど、ちっちゃな台所にガス台がひとつあってね、食っていけないから、学生さんふたりの賄《まかな》いもしてたの。

ちっちゃな台所だから、よほど手ぎわよくやらないときたなくなっちゃう。母が上手にやるのを見て、十歳くらいのときには、もう台所の手順をおぼえちゃった。

だから、台所仕事は平気だけど、家庭のことを一生懸命やろうとしたら、女優は絶対無理ですね。切りかえを上手にやればできるというものではないわね。家庭も女優も一〇〇パーセントやろうと思えば、体がもちませんよ。

私の場合は、仕事を半分に減らしました。そして、一本の仕事がすむまでの二か月くらいは、女優さんになりきって、仕事が終われば、うちにいて、奥さん業を専心してやるというふうにしてたわけ。

やっぱり男の人って、自分が帰ってきたときに、奥さんにいてほしいのね。松山も帰ってくると、すぐ「奥さんは？」って、きくんだって。だから、結婚してからは座談会とか、夜の仕事は、ほとんど断ってます。

帰ってきたとき、とんでてて〝お帰りなさい〟といわなくても、いるべきものがいないと、具合が悪いんじゃないかな。それが家庭というものかもしれないわね。

仕事をしている女性のなかには、〝仕事の邪魔にならない男がいい〟という人もいるけど、そういう男は夫としてどうかしら。

男は、おもちゃじゃないのだから、結婚する以上は、よほど覚悟してあたらないと、うまくいかないと思うわね。

結婚して、高峰家から松山家に変えるのもたいへん、二年かかりましたもの。お手伝いさんも、ぜんぶ入れかえたり、大手術をしました。家もこわして建てなおしましたよ。

他人は松山だって高峰だっていいじゃないかと思うかもしれませんが、そうはいかないの。

人生には、そういう荒療治が必要なときもあるんですよ。

会話と思いやり

でも、夫婦で一緒に暮らすのって、ほんと疲れる（笑）。

私、なにかに〝夫婦他人説〟というのを書いたら、とても冷たく受けとられたのね。そういう意味じゃなく、夫婦は一心同体なんてのは、うそだってことなの。だって、違うところで生まれて違った育ち方をしてきたわけでしょう。もっと大きな違いは、男と女の違いね。

なんでこの人とこの屋根の下にいるんだろうと、つくづく考えてごらんなさい、気持ちが悪くなるから（笑）。

それでも、この人と一緒にいたければ、努力しなければいけないってことですよ。

世間の人は、私のようなわがままな女と結婚して、松山のほうが我慢してると思われているようだけど、私は、昔はお酒は一滴も飲まなかったのに、いまやアル中ぎみ（笑）。むこうが友だちを連れてきてお酒飲んでるから、いつのまにか、私も飲むようになっちゃった。

このごろは、夜十二時ごろ、仕事が終わってから、ふたりで飲みはじめるわけだけど、一時すぎまでなんだかんだと、しゃべってますね。

よく、夫婦でそんなに話すことがありますね、っていわれますけど、話といっても、どうってことないことですよ。仕事先でのこととか原稿がすすまないとか、最近の事件とか、なにかあるでしょ?

会話のない夫婦が多くて、一日平均四分くらいだっていうけど、奥さんがたは会話と思いやりがほしいわけよ。男性がもっと奥さんに理解をもって、変わってこないといつまでたっても同じね。

ダンナは疲れてるのかもしれないけど、口きかぬ夫のためにただ働いてるというのじゃ、だれだってイヤになりますよ。私でなくてもいいんじゃないかと思うもの。

ダンナさんが、もっと奥さんに話しかけて、たまには一緒に外出するとか、「きょうの洋服はいいね」なんて、もうちょっと会話があれば、奥さんは、黙って、楽しく、炊事も、洗濯もすると思いますけどねえ。

私は、外では絶対飲まないし、うちにポツンといるのを、松山はよく知ってるから、夕食は一緒に食べるようにつとめてるみたいだし、仕事が終われば、とんで帰ってくるわよ。これも思いやりですよね。

「なにもない」はタブー

それと、奥さんのほうにも、ユーモアのセンスがなきゃいけないと思うのね。

松山は、半熟卵が好きなんだけど、ゆで卵になっちゃうこともあるのよ。そのときは、「遠足でございます」って、出すことにしてるの。ゆで卵になったものはしかたがないじゃない。いえば、お互い不愉快になるだけだし、それをいかにユーモアにもっていけるかってことがだいじだと思うのよ。

世の奥さんがたって、まじめにぶつかりすぎて、気づかないところで、相手の心を傷つけてることがあると思うの。

パーティーなんかに行って、ダンナが食べないで帰ってくるじゃない。すると、「なにもないわよ、食べてくるといったじゃない?」なんていう奥さん。これはいちばんイヤなこと、絶対いってはいけないことなんですよ。

私が男だったら、そんな女房、すぐ離婚だね。パーティー行ったけど、食べるヒマもなかったわけでしょ、相手の身になって考えるようじゃなきゃあ、ダメですよ。ないといったら、ない、これじゃあダンナは、二度と帰ってきませんよ。「なにもないわよ」は、〝帰ってきなさんな〟ということなんですよ。

なにもないといったって、大根のしっぽとか、缶づめのひとつくらいあるでしょ。

ひねり出せばなにかできるはずですよ。

ほんとうになにもなければ、庭の草をむしってでも食べさせるくらいの気持ちが、奥さんにはほしいですね。

結婚したくなきゃあしなくていいと思うけど、したからには女房として一生懸命やらなくっちゃ。女房を完全にやれる人は、なにやったって、できる人ですよ。

*

夫・松山善三の話。

「料理に関しては、いうことなしですね。うちで食べるほうがいいから、仕事のつきあいで、どうしてもというのはべつにして外にうまいもの食べに行こうとは思いません。

それと、わが家は、何時に帰ってもなにもないということがないので助かっています。よく〝料理は愛〟なんていいますが愛情だけでは料理はできない。たとえ、キャベツ一個しかなくても、それを2～3分で、ひとつの料理に変えられるかどうかの技術ですね。あとは、面倒くさがらずにやるかどうかだと思いますけど、よくやってますね」

(『女性セブン』一九八四年三月二十二日号)

台所のオーケストラ　食べ物に捨てるものはない。

ある有名な骨董屋のご主人の、あまりにも丁寧な値踏みに、ガラクタはただで持っていくように勧めたことがある。そうしたら、言われたんです。たとえ二百円でも三百円でも、物には全部値段があるものなんです、って。

この『台所のオーケストラ』で私が言いたかったのもそれなの。食べるものに余りものはないってことなの。キャベツを一個買ったら、最後の葉の一枚まで全部食べる。キャベツ一個が可愛いと思う。

五歳のときから映画に出て、自分で稼いでいたでしょ。お金の有難味をよーく知ってる。要はケチなのよ。

うちの近所はね、いい品物はあっても、たとえば葉っぱのついた大根なんてないの。だから、車で通りがかってそういうのを見つけると、大喜びで買いに走っちゃう。油で炒めても一夜漬けにしてもおいしいでしょ。ジャガーに乗った奥さんが百五十円の

＊まだまだ食べたい

大根抱えて、ウチの運転手さんおかしいと思っているでしょうね。

この本の前に『いいもの見つけた』（潮出版社、現・中公文庫）を書きましてね。そこで〝3分間料理〟というのを書いたら、もっと知りたいとの声がありましてね。ホノルルのアパートで一カ月足らずで書いたんです。みんな頭の中にありますから。

時間のあるハワイでは料理の腕を存分に揮《ふる》える。

頭のいい女が料理上手かどうかはわからないけれど、手順の悪い人にはできないわね。できてもまずいのよ。

手順よく作るためには工夫が必要。たとえばレタスを買ってきたら、洗ってボウルの水につけておく。

そうすればいつもパリッとしたものが、すぐ食べられるでしょ。

マメに身体を動かし買いだめしないのも、おいしいものを食べるコツ。ほとんど毎日、買物にいく。

ところが、最近料理作りが楽しいばかりでもないのよ。家を建て直して台所を狭くし、お手伝いさんの手を借りずに、全部自分でやるようにしたら、もう大変なの。蒸発する主婦の気持がよくわかるわ。

（『クロワッサン』一九八七年五月十日号）

＊まだまだ食べたい

旅は道づれ、二人は食いしん坊

松山善三
高峰秀子

食い気が取りもつ縁かいな

高峰　きょうは私たち二人の「食いしん坊」談義をやるようにということで、ここに登場するハメになったわけですが、そのきっかけになったのは、先日、邱永漢先生のお宅へ開高健さんと牧羊子ご夫妻、それにきょうコーディネーターをおやりになっている大宅映子さんらとおよばれしたとき、私たち二人の食べっぷりに、みなさん、なかでも大宅さんが驚かれたのだと思っています。とくにお魚の頭の取り合いをしたのに唖然とされたのではないでしょうか。

松山は千葉で育ったせいか、とりわけお魚が好きなんです。邱先生のお宅で、大変おいしいお魚がでたのですが、初めはつつましやかにして、あまりとらなかったんです。でも皆さんがとって骨だけになっちゃうので、皮が残っている間に、「皆さん、よろしゅうございますね」といって、大皿を手元にもってきて食べちゃったのです。でも、ああいうときは女房として、家でなにも食べさせてないみたいで、恥ずかしいんですけれど……（笑）。みっともないですよ。本当にね。

この頃はあまりいかないんですけど、以前はよく香港へ二人で食べにいきました。レストランにいきますと、水槽にラオシュパン（老鼠）――イシモチの一番いい魚なんですが、それを食べたそうな顔して、じっと見て「これっ」とくるんです。その魚とても高いんですが、熱いご飯をとって、ほとんど一人で食べちゃっといて、「あっ、君、食べる」だって。そういう人なんです。

松山　まあ、おおむねそういう感じですね。私ごとですけれど、私ども結婚して二十六年目になります。結婚当初、だいたい三年ぐらいでダメになるだろうという評判だったんです。それが二十六年も続きました。秘訣があるとすれば、たった一つ。僕が我慢しただけであります（笑）。

もう一つあるとすれば、おたがいに食いしん坊だったということです。初めのうちはどっちがどっちの舌に合わせるかで、だいぶんもめたものです。幸いうちには姑《しゅうとめ》、舅《しゅうと》というものがおりませんでしたので、好きな味は二人の間をいったりきたりしているうちに、最終的には私が折れて、夫婦の味が同じ方向になって、さて「おいしいものを食べにいこう」というふうになったのです。きょうは中国料理、あすはフランス料理、そう毎日やったわけではないですけど、それが次第に一致するようになった。これが二人が今日までもった秘訣でして、愛情とかなんかは関係ないんです。

高峰　だって、結婚したのが三十のオジンとオバンでしょう。愛情というものより、やはり食いけのほうが大事でした。というのも、私は結婚するまでに、四百本ぐらいの映画を撮ってましたから、もうくたびれちゃっていて、やめたいなと思っていました。それであわてて結婚したわけですね。もう一人いい人がいたんですけどね（笑）。どっちでもよかったんですけど、片っぽうの人はフワフワッとキューピーみたいな顔をしていて、お金持ちのお坊っちゃんでした。一方、この人は栄養不良で、ひどくガリガリに痩せてましてね、髪なんかそそり立っちゃっているの。昔はお父さんが貿易かなんかやっていてよかったそうですが、いまは落ちぶれて貧乏だとのこと。私は貧乏育ちですから、貧乏のほうが気がらくだ。貧乏のほうにしておこうと、この人に決めたわけです。

ところで、私は映画を撮っているとき、お昼は必ず「汽車弁」でした。撮影所にいけばカレーライスとかラーメンとかしか食べてなくて、いつもいつも欲求不満の状態。女優というのはわりに痩せてますでしょう。今は私もだいぶいたんでますけどね。このぐらいのやせかたでも、レンズを通すと太く写る。ちょうどよかったら、菱形に写っちゃうわけ。ですから、女優はみんなガリガリに痩せていてちょうどいいわけで、食べたいといって、あまりガバガバ食べると太った女性の役しかこなくなります。それで食べられないわけ。

そんなこんなで、ひとつ億万長者と結婚して、女優なんかやめちゃって、食って食って食いまくって、百貫デブになってやろうと思っていたわけです。だけど見渡したところ、キューピーとこの人しかいない。この人はカネをもっているのかどうかと思って聞いてみたら、月給は一万三千五百円。農家の納屋みたいなところに下宿しているんだそうです。なかなかかわいい。それで、なにが楽しみかというと、月給日に「五目ラーメン」を食べることが唯一の楽しみ。「じゃ、朝はなにを食べてくるのですか」「朝はケーキ一個」。これ、かわいいね（笑）。こんな人ならいいと思ったの。貯金なんかなんにもない貧乏人で、かわいいことといってるから、そうぜいたくでもないだろうと思ったのが運のつき。で、結婚したら全部ウソなのね。食べたくて食べたくてしようがない人なの。だいたいこっちも貧乏ではありましたが、どっちかといえば、食いつぶされたのは、私のほうでした。ただ、よかったのは、いろんなもの欲しがらないで、おいしいものを食べたがるだけなんです。私のほうもそうでしたから、まあ、運がよかったともいえましょう。

偏食からの美味求真

松山　私は七人兄弟の真ん中でしてね。生まれた時は未熟児で、とっても育たないだろうといわれて、千葉県の佐原というところへ「おばあちゃん子」として預けられたんです。おばあちゃんはたった一人で住んでましたから、ネコかわいがりにかわいがられました。僕は「タマゴ」と「コロッケ」しか食べなかったんです。いわゆる偏食に育てられたんです。当時、偏食はとてもいけないこととされておりましたが、おばあちゃんがわがままに育ててくれたため、いまでもタクアンとか梅干、漬物はいっさい食べません。

それから九年目におばあちゃんが死んで、横浜の兄弟のなかに帰ってくるんですが、よそから拾ってきた子供だと思われて、兄弟にいじめにいじめられましてね。僕はのべつまくなしにおふくろのたもとにひっつかまっていました。おふくろもかわいそうに思ったのでしょう、うるさがらずに甘えさせてくれました。おふくろというのは台所にしょっちゅういましたから、僕は台所の仕事がひじょうにうまくなるんです。ほかの兄弟は全員ダメなんですが、僕は「千六本」でも「短冊」でもなんでも切れますし、魚をおろすことも、すり鉢をすることもできます。もっとも、台所にいるおふくろにくっついていたのは、なにか手伝っていますと「おだちんだよ」といって、おふくろがみんなに隠れて、砂糖をスプーンですくって、ポンと口のなかに放りこんでくれるからなんです。当時、砂糖は貴重なものですから、この砂糖の魅力もあって僕は台所をうろついていたといえます。

ところが、おやじは、「偏食はよくない。兵隊にいったらタクアンと梅干しか食わせてもらえないぞ。今から覚えておかなきゃいかん」といって、無理やり僕に食べさせたんですね、そしたら二日間吐きづめに吐いた。そこで、こいつは異常体質じゃないかということになって、それからは押しつけられなくなりました。それでずっと偏食のままできまして、自分の好きなものしか食べない。ということが、結果的には「美味を追究する」ということになってゆくんです。

世の中にはなんでも食べるという人がいますが、そんなやつは全然味がわからないのじゃないかと思います。たとえばレストランやデパートの食堂なんかにいって、「あなた、なんにする」というと「なんでもいいわ、あなたと同じでいい」という人がいますが、こういう人は僕には全く理解出来ません。僕らは仕事の関係でグループで食事をしますが、みんなで洋食を食べて最後に「皆さん、フルーツなんかいかがですか」といったとき、だれかが「メロンにしたいです」というと、五人が五人そろって「じゃ、私もメロンでいいわ」ということになる。勘定払うのは僕ですからね。「私もメロンでいいわ」と食われちゃかなわないわけです。なんでもいいのじゃなくて、やっぱり好きなものを主張すべきです。ご馳走になるときのマナーとしては、メニューがきても、できるだけ高いものを避けて、安いもので、しかも自分の好きなものを注文すべきだと思うんですがね。でも、こういうマナーは偏食によってしか育ってこないもので、なんでもいいという人は、値段の高いものから順に頼んでいくって感じがしますね。だから最近は「フルーツいかがですか」なんて決していわないことにしています。

最初のデートで初めてのフルコース

高峰　洋食といえば、初めてデートしたときの話をしなさいよ。

松山　僕は偏食で、その昔はほとんど洋食というものは食べたことがなかったんです。記憶にあるのはたった一回だけ。おふくろがかわいそうに思ってか、僕だけを横浜の伊勢崎町の洋食屋に連れていって、「お前だけに食べさせるよ」といって、当時「ミンチボール」というのを食べさせてもらった記憶があります。

それからは日中戦争、大東亜戦争ということになって、僕はろくなものを食べていないんです。ですからマナーも知らなければ、味もほとんど知らない。自分の好きなものといえば、さきにもいいましたタマゴヤキとコロッケです。洋食の食べかたなど、だれも教えてくれたことがないんです。そして、たまたまこちらにいる、当時「高峰秀子」といわれた方に「洋食を食べにいこう」といわれて、ご馳走になったのです。テーブルに座ってみると、右にナイフ、左にフォークがそれぞれ三本か四本、前にはティースプーンだのアイスクリームのスプーンがおいてある。どれから順番につかって食べたらいいかわからないわけです。それで黙って見てりゃわかるかもしれないと思ったけれど、早く食いたいものですから「どれから先につかったらいいのか」と聞いたんです。これは本当の話で、食べかたをまったく知らなかったんです。

高峰　かわいい人だと思いました。

松山　それが間違いのもとだったね。

高峰　そのころは、「いいのか」なんていわない。「どのフォークとナイフつかって食べるんですか」なんて、かわいくいっちゃったのね。「おいしく食べればなにをつかってもかまいませんけれど、まあ外側のからとったほうがいいわね」って私いったんですよ。あまりかわいくて素直だったので、結婚の相手に決めちゃおうかなと思ってね(笑)。たいていの男の人というのは聞きませんよね。相手が食べるのを見て「ああ、あれとあれか」といった感じでしょう。こんなナイーブな青年がこの世にいるのかなんて思っちゃって。ところが、それがとんだ食わせもの。あのときはウソじゃなかったけど、二、三度食べているうちに慣れちゃいましてね。今度はこっちが教わるって感じになりました。

松山　話を聞いていると釣りあげられたという感じだけど、釣られたほうとしては、当時高峰秀子は大女優でございましてね。恐らく当時の映画出演のギャラも最高だったと思います。だから、相当おカネをもっていると思っていたんですよね。そうしたら、六万円しかもってなかったんです。それで僕もびっくり仰天して、だれが残りのギャラを食ったんだろうと思ったものです。彼女自身も食ってないんですね。とにかく、どうなってるのかわからないままに、六万円から僕らの結婚生活はスタートしました。それから一生懸命働いて、まあ今日までなんとかやってこれたのは、皆さま方が、僕や高峰の映画を見てくださったおかげです。

外国旅行はまずメニューの読み方から

松山　先ほど申しあげたテーブルマナーのことで、ひじょうにいい話を聞いたのでご紹介しておきます。僕よりちょっと年下の友人ですが、彼は独身でして、甥や姪、兄弟をたいへんかわいがっている。同時に甥や姪も彼を慕っていて、クリスマスカードを送ってきたり、朝早いときなど電話で起こしてくれたりする。そんなものですから、その子たちの誕生日のプレゼントに、正式のディナーに呼ぶという習慣をつづけています。それは、その子が社会人になったときのために、正式なテーブルマナーを教えておこうということなんです。だから、その日は一級の正装をして、一流のレストランに連れていき「フォークやナイフをつかう順番や、メニューの選びかた」などを教えこむのだそうです。ぜひ皆さんのお子さんにも、テーブルマナーやメニューの読みかたを教えておいてください。必ず役にたちます。

メニューの読みかたがわからない人は、外国へいってもまったくつまらないだろうと思います。たとえばアメリカなどを旅行してきて「アメリカの食いものはまずいね」という人は、たいがいメニューでハンバーグしか読めないやつです。ハンバーグしか読めないから、そればっかり食べているということですね。メニューの読みかたさえわかれば、外国旅行はほかのことがわからなくても、ひじょうに楽しいものになると思います。日本のメニューには、フランス語や英語で書いてある下に必ず日本語の訳がついていますから、よく見て覚えておくんです。「ははあ、こういうチキンを頼むときはこういうんだな」と。そうすると外国へいったとき、メニューを見て「これはあれだ」とすぐわかり、らくになるわけです。

日本には「おまかせ」という不思議な言葉があるのですが、外国人には絶対理解できないし、通用しません。だからなにを食べるか、これはなにかということを覚えておかないと、外国旅行ではまことに不愉快なことになります。こちらにもそういう経験がおありですからうかがいましょう。

ソーセージをハンドバッグに

高峰　私もメニューを読むのは、とても大事なことだと思います。でも、もう一つ量ってものがあるんですね。ニューヨークに「ステージ」というレストランがあるのですが、そこでいちばんおいしいのがフランクフルトソーセージ。「ソーセージでいいや」と思ったから注文したんですよ。そしたら十五センチぐらいのが四本もでてきたんです。どうしようかと思った。この人は違うものを頼んで食べてましたしね。やっと一本食べたらボーイさんが「どうだ、おいしいか」というから「ウ、ウーン」とい い加減な返事をしたらむこうへいっちゃったので「善三さん、一本でもう食べられないわ」といっていると、またボーイがきて「まずいのか、残したのか」と聞く。なん回もくるし、むこうへいってもこっちを見ている。そこで、しかたがないから、ボーイさんがほかの人の注文を受けているすきに一本ハンドバッグに入れて、まただれも見てないと一本、というぐあいに三本ともハンドバッグにいれてもって帰ってきました。「量」も日本にくらべてケタ違いに多いのです。

ついでにもう一つ。ドイツのレストランでは、私はドイツ語は読めないしどうしようかなと思っていたら、「ベーコン」と書いてあったのが目について、「じゃ、これ」って頼んだんです。ベーコンといえば私たちのイメージとしては、薄く切ってあってチリチリと焼いてあるものですが、文庫本ぐらいの厚さの葉書き二枚分ぐらいのがバーンとでてきて、おまけに毛がはえている。しかもこの毛、手で引っ張ったって抜けやしないんですよ。つくづくベーコンといってもいろいろあるんだなあと思いました。と同時に量がおそろしいというか……。研究しなきゃいけませんね。日本のつもりでスープとなにとなにって頼むととても食べきれません。この頃「ビュッフェ」形式がはやってますけど、外国で日本人の評判が悪いのは、日本人は食べられもしないのに、山のようにとっちゃって、残すからです。なんべんとりにいってもかまわないんですからね。

漬物はもたず、もちこまずが家憲

高峰　話は前にもどりますが、この人は漬物がきらいですが、私は大好きなんです。木下惠介先生もお新香が大きらいなんです。

木下先生の映画に私は十七本ぐらい出させていただいていますが、私は近眼の上に乱視で斜視でもあるので、人の顔がよくわからない。初めの五、六本は先生のスタッフの人がよくわからなかったんです。やっと覚えたのは最後の四、五本だったと思うんですが、その頃やっと木下組にはおこうこのきらいな人が六人ぐらいいるのがわかった。お昼になると、汽車弁か宿屋でつくったお弁当を食べるのですが、この人たちは、パッとあけて、おこうこをバーッと捨てる。六人揃って。なんともったいないことをするのかと思いました。それぐらいですから、わが家の食卓には、お漬物は出しません。捨てられてはかないませんから。

松山　タクアンと梅干と野球の中継は見るなというのが、わが家の三原則になっています。このうちタクアンと梅干は「もたず、もちこまず」がわが家の憲法であって、初めのうちはずっと守られていました。ところが、ある日、私がガレージにいってみると、ガレージのなかにヌカ漬の臭いがするのです。おかしいなと思って、なかを見回すと、隅っこのほうにヌカ漬の樽がおいてあるんです。私が「これはなにごとだ。憲法違反ではないか」と迫ったところ「ガレージはわが家ではない」とすましたものでした。

高峰　結婚したときに「一つお願いがあります」という、その頃は切り口上ですよ。「なんですか」といったら「一生、タクアンだけは食べないでくれ」といわれたんです。「いいですよ」と家では食べなかった。外へ行って食べだめしてくるわけ。この人はタクアンだけではなく「漬物」と名のつくものは全部食べないんです。カレーライスには福神漬がついてるでしょう。福神漬をみて「どこのバカが発明したのか」っていまだに怒っている。だからカレーライスに福神漬がのってると、バサッと半分ぐらいどけちゃうか、食べないかなんです。

うちの人はたいへんぜいたくなように思われてるのですが、それはどこへいくのでも、たとえ一時間の旅行でも、うちでつくったお弁当をもっていくからなんです。というのも、汽車弁とか売っているお弁当には、タクアンじゃないにしても、奈良漬とか味噌漬といったものが入っているからなんです。私が弁当つくるのが好きで二十六年間もつくっているわけじゃないし、決してぜいたくからでもないんです。要するに漬物さえなければいいようですね。

夫唱婦随のお酒吞み

松山　漬物以外なら食べものについて意見がくい違うことはありません。つまらん話ですが、私はひじょうに酒吞みでして、結婚当時は一升酒飲んでいたんですけど、彼女は全然飲めなかった。それをだんだん酒を飲めるように飼育したんですが、いまはこちらのほうがよけい飲むようになりました。

高峰　さっきお話したキユーピーなんか連れてきて、いつまでも飲んでいるんです。私はしかたがないから、ご飯ペロペロって食べちゃってね。バカバカしいな、こんなバカバカしさをどうしたらいいか、と考えて、結局、自分が飲んじゃえばいいと思ったわけ。

松山　お酒というものは本当にいいもので、食事の前にちょっと飲むというのは、精神衛生上もいいですし、食べものもおいしくなります。僕ら二人は、毎晩酒飲みながら人の悪口をいい合ってます。肴なんかいらないんです。人の悪口さえあれば酒はとてもうまい。そうかといって、友だち同士とか他人との間で、人の悪口を酒の肴にしてはいけません。夫婦だけでやらないと。外に漏れると大ごとになりますから。

この頃、女性の人も飲むようになりましたが、これはいい風潮だと思いますね。ただ、女性の酔っぱらいは始末に悪いですから、それだけはお気をつけになったほうがいいです。自分がどの程度飲めるかということを自分でわからないんですかね。どうでしょう。

高峰　だれのことをいってるんですか(笑)。ここまでというのはわかりますよ。

松山　そのちょっと前でやめてもらえば、ひじょうに女性もかわいいんですけれども、それから先は、本当に支離滅裂でね。女性なんてもんじゃないですね、もう。

パリで食べた醬油めし

高峰　お醬油の話をしましょう。私が、お醬油をしみじみありがたいというか、意識したのは、昭和二十六年、ひとりでパリにいったときです。いろいろあって、七ヵ月ぐらいいたんですけれど、なに食べてももの足りなくなってきたわけなんです。なにを食べたいんだか自分でもわからないんです。下宿していたんですが、ひとりで街をウロウロして、酒屋さんみたいな店でお醤油のビンを見つけました。「これは！」って感激。それからが忙しくてね。お醤油を買って、それからお米を買って、デパートへいってアルコールランプと飯盒みたいなものを買ってきて、お米を飯盒に半分くらい入れたのね。トイレットの水でといで、アルコールランプに火をつけて炊いたわけ。そうしたら、だんだん蓋が持ちあがってきちゃった。腰かけてみたけど、すごい勢いでふくらむのね。それでしょうがないから、スリッパはいてる足でギューッと押さえたんだけど、それでもブツブツ……。とうとうバンと蓋が飛んじゃったの。それはいいんだけど、山のように炊けちゃった。そのご飯に卵を二つ割りこんで、それにお醤油をガバガバっと入れてかきまぜ、べちゃべちゃになったのを食べた。まずいお醤油だったけど、「やっぱりお醤油が食べたかったんだな」とつくづく思いました。

その次に、結婚してから二人でパリに六ヵ月ぐらいいってました。パリっていうと、ずいぶんいいみたいに思われますが、そんなんじゃないの。すごく倹約した生活をしたんですが、「ご飯食べにいこうか」ということになって、ある小さな中国料理店にいったんです。なにが食べたかったかというと、やっぱり「お醤油の味」だったんですね。それが二人ともまだわからない。毎日外へでると「きょうはどこへ行く」なんていいながらも、二人の足は自然にそこの中国料理屋さんへ向いちゃう。こんなことがなんどかあって「やっぱり私たちは醤油が食べたかったんだね」って話し合ったのを覚えています。

松山　まあ、それが老いのはじまりですね。

二十代のころは、おそらくそんなこと考えないと思うのです。外国旅行して、一年間醤油もお米も食べなくたって平気という若者もでてきましたしね。思うに、「ふるさとの味が恋しい」とか「お母さんの味が恋しい」とおふくろの味にすがりたくなるようになるというのは、老いのはじまりであります。

パリといえば国際結婚をした岸惠子さん。お子さんももうけられて幸せに暮らしておられた。それが、お別れになったのは、やっぱり醤油が食べたくなって日本へ帰ってこられたんだと思うんです。というのも、岸さんがある日、つくづく僕にいわれたんです。「なんとしても日本食が食べたくなるときがある。自分が大根を買ってきておでんを煮てると、シャンピさんはむこうでチーズを食べているというのでは、どうしてもうまくいかない。別に夫婦の間に亀裂ができたわけじゃないんだけども、のべつまくなしに二つの料理をつくって食べなきゃならないというのは、とてもつらい。そして歳をとるにしたがって、だんだん日本食が食べたくなって、矢も盾もたまらなくなる。パリにも日本料理店ができ、日本食が食べられるようになったけれど、やっぱり自分の家の日本食が食べたくなる」と。

国際結婚がむずかしいというのは、若いうちは我慢できますが、歳をとるにつれて、

「醤油味」とか「おふくろの味」に回帰してゆく、そういうことも一因だと思うんです。人間、歳をとるとボケると同時に子供の頃にもどっていくんですね。

ふるさとへ帰る舌

高峰　岸さんのお話がでましたが、いつだったか、岸さんがちょうど帰ってきて、座談会だか対談だかしたことがあったんです。そのとき、岸さんが時間に遅れてきて「ごめんなさいね。私いま、おでん屋とお寿司屋と焼鳥屋をはしごしてきちゃったの」というので「そんなことして大丈夫?」っていったら、「おなかなんてこわしてもかまわない。どうしてもそれだけ食べなければ、おさまらなかったのよ」っていってましたね。

松山　食べることに対して、そこまで全うするというのは、相当強固な意志をもっているか、ご主人が理解があるかですね。自分が生まれ育った味、あるいは故郷で死にたいという、自分の最後の望みというもの、それだけは許されるということ、これは説明できないものだと思うのです。味覚というものは、だいたいにおいて子供のころに決定されると思います。それがうまいか、まずいかというのは、それからの経験とか、知識とかいうもので変わっていくんだと思うんです。しかし、これからもそうなるかは僕には分かりません。というのは、これから先は風土と密着した食べものがだんだん少なくなってくると思うからです。

中国では、楊貴妃が「茘枝《レイシ》」を欲しいといって馬を三日走らせて広東省まで採りにいかせたという、有名なぜいたくな話がありますが、今はそんなことはぜいたくでもなんでもない。きょうおいでの方のなかにも、けさハワイからきたパパイヤを食べられた方があると思います。お昼はパリからきたフォアグラなんか食べて、夜はソビエトかイランからきたキャビヤで一杯やるということができるようになってきている。そのうえ、季節に関係なくなんでも食べられるようになりました。冷凍技術、流通機構の発達によって、風土に密着したもの、そこでなければ食べられないものがだんだんなくなってきたから、これからは「ふるさとの味」ってものは薄くなっていくかもしれません。ただ、大正、昭和ひとケタまでの人たちは、やっぱり国に帰ってこなけりゃならないという舌をもっているんじゃないかと思うんです。

国際結婚というのは、ひじょうにすぐれた平和政策だと思うし、いろんな国の人と結婚することはすばらしいことだと思っています。ただ、岸さんが、国際結婚をするときは舌を鈍感にする訓練をしてからいかなきゃいけないのじゃないか、というようなことをしみじみおっしゃったとき、「ああそうかな。これほどお利口な人、これほどやさしい人でも、食べものにはかなわないのかな」という感想をもちました。

うまいものは他人の金で食うな

松山　「食文化を考える」というむずかしい題名をいただいてますが、僕のは「文化」なんてものじゃありません。「食いしん坊」なんて自覚も僕にはありません。というのは僕はだいたいいつでも飢餓状態におりましたから、とにかくその日に口に入るものはなんでも食うということだったんです。

私は大正十四年の生まれですから、日本が敗戦になったとき二十歳でした。食い盛りでしたが、食べるものはなにもなかった。米は配給といってもほとんど遅配、遅配でなかったし、芋ばかり食っていました。でも、芋でも食えればいいほうで、芋も食べられなかった人もいますし、裁判官の方で法律を守ってヤミ米を買わなかったために、餓死した人もいたぐらいです。そういう時代ですから、とにかく飢餓からのがれることにみんな必死だったんです。

松竹の助監督に応募して入社したとき、いわゆる「大船映画」を確立した城戸四郎さんが祝辞を述べられた。一緒に入社した八人を前にして「おめでとう。君たちは将来松竹の幹部だ。しっかりやりなさい。君たちは大学をでたのもいるし、でないのもいるが、君たちが大学でえた学問、知識というものは、ここではなんの役にもたたない。君たちはまだなにも知らないのに月給をもらう。こんな幸せなことはない。月給は安いけれども我慢しなさい」と。

事実、最低の賃金で、それだけでは当時生活できないほどだったが、しかし割合らくに食えました。というのは、家に帰してもらえないほど忙しかった。それで三食、撮影所のなかで弁当を食ってたわけです。撮影所のなかに寝泊りして、一年のうち一ヵ月も家には帰らないという状態だったものだから、まあまあ生活できたというわけです。

その頃、撮影所で食べる弁当が私にはご馳走でしたが、月給日に自分のカネで食べる「五目ラーメン」ぐらいうまいものはなかった。人のカネで食べるメシはあまりうまくなくて、自分のカネで食うものほどうまいものはないわけです。遠慮することもないし、お世辞の一つをいう必要もない。メシがうまいかまずいかということには、こんなことも大きな影響があると思います。

亡くなった古川ロッパさんがものすごい食いしん坊で、戦争中に平気で食いものの話をしたり本を書いたりした唯一の人だったと思います。先ほど、僕がフォークのつかいかたが分からないと、しおらしく聞いたレストラン。そこがうまい店だとわかったので、ちょいちょい二人で連れだっていったんです。すると、むこうのほうで、古川ロッパさんがひとりでブドウ酒を飲みながらゆっくり食べている。「松山君、松山君」と呼ぶから「ハイ、ハイ、なんですか」とそばへ寄ると「あのねえ、うまいものはひとりで食うにかぎるよ」っていうんですね。「どんなに親しいやつでも、連れだって食べないほうがいいよ。なぜなら、うまいなと思うとき、話しかけられたりするといやだろう」とね。思い合わせてみますと、それは僕が月給をもらって、駅の近くのそば屋に入って、一人で五目ラーメンを食べるうまさに通じるんですね。

ふられた汽車弁好きの俳優

松山　世の中には、こんなにうまいものがあるんだなと、僕が実感したのは米軍が進駐してきたときです。僕は横浜の鶴見にいたんですが、進駐軍のために米軍機がチョコレートやチーズを入れたドラム缶を投げ降ろすわけです。それを盗んで、あとで死刑になったやつもいましたが。二十一、二年頃になると、闇市、いわゆるブラックマーケットに米軍物資が流れでてくるようになり、そのとき初めて、米軍のレーション（ボール箱に入った携行食料）を口にした。箱を開けると、なかにタバコが二本……。

高峰　古い話ですね。タバコは四本、チョコレートがひと切れよ。

松山　チーズにカンパン、それに肉の缶詰。それを食べたとき、チーズというのは、なんとうまいものだろうか。こんなうまいものを食っているやつらと戦争したのかと残念に思った。と同時に、これは仲良くして分けてもらったほうがトクだなとも。チョコレートを口にしたときは、目の玉がひっくり返るほど感激しました。僕が本当にうまいものにぶちあたった経験は、これしかないんです。

高峰　おいしいものにあたって、目の玉がひっくり返るというのは、大げさかもしれませんが、食べものに全然興味を示さない男の人よりも、興味をもつほうが私はいいと思います。昔、すごい美男子の俳優さんがいまして、人気もありました。その人は顔はきれいなんですが、なぜか芝居はへただったんです。その人が私のことを「好きだよ」なんていったの。でも、どうも見ていると変なんです。相手役ですから、同じ汽車に乗り、汽車弁を食べるのですが、その人は汽車弁の蓋をとって、蓋についているごはん粒を食べる。もちろん私もそうしますから、それはいいんですが、食べかたがなめるように食べるんです。聞くとその人は、食べものになんの興味もないそうで、一年中汽車弁でいいんですって。そのくせ、英国製のすばらしいスーツを着て、家ではマホガニーのテーブルでご飯食べてる。

私は、その人と随分長い間つき合ってましたが、おごってもらったのは紅茶一杯だった（笑）。その人は私のこと好きだったらしいけど、私が好きになれなかったのは、あの汽車弁がこたえたのね（笑）。だって「一年中汽車弁でいい」という人とは、あんまりつき合いたくなかったですね。そのとき、やっぱり私はおいしいものを食べたいんだなと思いました。

あまりはっきりいっては悪いですけど、食べものに興味のない人は、ほかにも情熱が薄いのじゃないでしょうか。食べものはなんでもいい、おにぎりでいいといって、仕事をバリバリやる人はあまりいないんじゃないかしら。

快食を知らない〝食通〟

高峰　ところで、私たちはいろんな国へちょこちょこいくんですが、いちばん手っ取り早くその国を知るには、やはりその国のものを食べてみることだと思います。私たちは、お醤油を少し詰めてもっていくぐらいで、梅干や海苔までもっていく情熱はなくて、わりにその国のものを食べてみることにしています。私はそれほど調べませんが、事前にいろいろ情報を収集しておくことも必要でしょう。

松山は、わりあい地方が多いのですが、講演の依頼があります。そういう時、絶対に「はい、はい引き受けました」っていわない。「ちょっと待ってください。のちほど折り返しお電話いたします」と切っちゃって「食物年鑑」みたいな変なものをもってきて、「三月はあそこはダメだ。魚がまずいからダメ」といって「もしもし、その日はもうふさがっております」(笑)と断わっちゃう。そのぐらい徹底している人なので、今度講演を断わられたら、おいしいものがない季節なんだなと思ってください。いじましいんじゃないですよ。どうせいくなら、おいしいものが食べたいんだと思ってやってください。

松山　その土地のおいしいものを食べるといっても、講演の前はやはりドキドキしますから終わった後で食べます。絶対むこうの人とはつき合わないようにして、ひそかに見つけておいた店へ直行するわけです。

高峰　講演をお受けするときに必ず、「夕食はなにもしていただかないように。僕ちょっと疲れてて、仕事をもっておりますから」などといいます。「仕事」というのは、ひとりで食べにいくこと。なん度も聞いたから覚えちゃった（笑）。

松山　ひとりかあるいは本当に気のおけない人といって勝手に食べると、「古川ロッパ先生のいったことは本当だったな」としみじみ感じ、うまいな、うまいな、と思う。ところで、うまいとか、まずいとかという物差しはなにか。これは個人差が激しくて、私がうまいといったものを、皆さんは「おいしくない」とおっしゃるかもしれません。というのも、ここにいらっしゃるなん百人かの方、全部顔も違うし、生まれ育った環境も違うのですから、味覚も全部違うはずだからです。

ただし、ここにいらっしゃる方全部がうまいといえる共通のケースが、たった一つあります。それは、前の日からなにも食べないでおくといった空腹の状況で食べるということです。おなかを減らしておけば、なにを食べたってうまいことは請け合いです。ただ、疲れはてて腹が減っているのはダメなんで、前の晩よく寝ておかなければいけないんです。この二つの条件を揃えていれば、どんなものでも「うまい」と思うに違いありません。

「今晩はご馳走にありつく」と分かっていたら、昼飯は素うどんですませるぐらいの情熱がないと、たくさん食べられません。ちょっと食べて、うまい、まずいをいう人は「食通」といって、とても趣味の狭い人なんです。

食通という人種は、鮎はどこの鮎でないといけない。しかも川の上からなん里先のものでなきゃいけないと、狭い狭いところに入っていきますから、この人たちのいうことに、あまり耳を傾けないほうがいいと思います。「食いしん坊」でやたらと食う人たちの推せんするレストランのほうがおいしいものです。

タイミングよく、値段もほどよく

松山　そもそも「味覚」には、甘い、しょっぱい、酸っぱい、苦い、辛い、うまいの六つの味があります。僕はそれにプラス嗅覚、つまりいい香り、触覚、つまり固い、柔らかい、熱い、冷たいというのも入りますから、味覚を満足させるには、そういったもの全部がきちんと用意されてなければなりません。僕はタクアンはきらいですが、タクアンはポリポリ食べるのがうまいわけでしょう。どんなに有名なせんべいでも、しけたせんべいはうまいわけはないし、湯豆腐は熱いのがうまい。また納豆はねばるほどにうまい。

そういうことを考えると、食べる時期、奥さん方だったら、ご主人に食べさせるタイミングをはずすと、どんなうまいものでもまずくなってしまうわけです。冷たいものでは、カキはどのくらいの冷たさがおいしいか、アイスクリームはどのくらいか。冷たきゃ冷たいほどおいしいとは限らないのは、ご存知の通りでしょう。

高峰　うるさい人ですね（笑）。主婦として、それにもう一つつけくわえたいのは、いくらおいしいものでも安いこと。私は四歳から働いて、自分の口を養っているわけです。それだけに、あんなつらい思いをして汗流して稼いだおカネで食べるんだから、あだやおろそかに食べられない、という思いをずっともっていました。ですから、どんなに上等なお料理でも「コースで五万円なんて冗談じゃないや」と思います。五万円稼ぐのはたいへんなんですからね。いくらおいしいものだといっても、払うおカネの限度というものはあるのじゃないでしょうか。たとえば、マツタケなんか一本五千円も出して食べるなんてばかばかしい。食べなくても死なないしね。もっとも「食べなくても死なない」なんていうのは女の発想で、男ってのは見栄っぱりだから、どこかへいって食べてるのじゃないかしら。

松山　そういえば、男で勘定書をよく見る人は少ないですね。いちばん下の合計を見て、パッと格好よく払って帰る。ある人にいわせると、日本人は上に「バカ」という字のつく「いいお客」だそうです。僕は勘定書をよく見るんですけどね。

アメリカ人は計算が間違ってないか、全部足し算をやっています。あの国は計算がしょっちゅう間違ってるからで、これは本当の話なんです。僕がハワイのレストランで、お釣りが足りないので「計算が間違っているじゃないか」といったら、ボーイさんが「足りないか」と平気な顔でおカネをもってきて、ポンとおいていきました。「失礼だな。間違えてごめんなさいぐらいいうべきではないのか」とつぶやいたら、僕の友だちが「あれはキャッシャーが間違えたので、ボーイが間違えたわけではないから、ボーイが謝る必要はないんだ」と教えてくれた。こんなお国柄だから、勘定を信用しないで、自分で計算するわけです。

中国人はどうするかというと、勘定書をパッとみて、いちばん高いもの、マツタケ料理ならこれが何故こんなに高いのかと聞いてから勘定を払うのだそうです。だから勘定書をよく見るということは、ちっとも恥ずかしいことではないし、この料理は二千円だったのか、この料理は七百円だったのかということを知るのも、一つの知恵です。

夫婦生活をもたせる法

松山　冒頭にも触れましたが、僕が好きなのは肉よりも魚です。肉は部分部分によって、料理のしかたがちょっと違いますが、味は一色といってもいいくらいなものです。

あとは触覚が違うか、嗅覚か、ソースの違いがあるだけですから、なん種類も食べられない。魚は、海の上をピョンピョンはねているのから、海底何千フィートの下をはっているものまで、種々雑多です。全部味も違うし、調理法も違うし、貝、エビ、ウニ、カニと、それぞれの季節に応じておいしい。こんなおいしいものを食べて、ああ幸せだな、生きてる甲斐があったなと感じるのが魚です。

もっとも、最近東京で食べる魚はどこからきたのかわかりませんね。お寿司やさんへいって、ずらっとならんでいるのを見ますと、マグロはたぶんメキシコ沖とかニューヨーク沖からでしょうし、イカはアフリカ沖、イセエビはインド洋から、ウニは韓国からといった具合に、日本産は米しかないという状態だと思うんです。だからこそ、僕は地方へでかけていくわけです。そこでとれて、きょう揚がったというのを食べる。多少の汽車賃つかっても、これはうまい。

魚は煮てよし、焼いてよし、鍋にしてよし、干しても食える。考えただけでも「あれが食べたいな」という思いにかられます。

高峰　よだれのでそうな話しぶりですね。松山がいったように、私たち二人が二十六年間もっちゃったのは、考えてみれば不思議な気がします。二人はある面ではまったく反対なんです。こちらはご誠実で、ご清潔で、まじめの上に「クソ」がついちゃう。私はかなりいいかげんな面がある女で、共通点といえるものはあまりないいんですね。

でも、一日の生活のなかで、いくつか共通点があれば、夫婦なんてやっていけるんじゃないかと思います。一つはやはりおいしいものを食べることが好き。もう一つは二人とも朝寝坊だったこと。もっとも朝寝坊のほうは、この人がこのごろ、老いが早くていやに早く起きるんですよ。これは、ちょっと不満。お酒のほうは、今は松山が飲まなくても、私飲んでますから、おあいこになってます。それにもう一つ。変に几帳面なところがあって、手紙をいただいたらすぐ返事を書いちゃうというようなところは、似てますね。

夫婦というものは、ほんのつまらないことでも、いくつか共通点があれば、なんとかまがりなりにも、もっていくようで、私たちがそのサンプルだと思っています。よかったのは、あまり同じ仕事じゃなくて、やや同じ仕事だったということ。両方が俳優だったら「あんたヘタだね」なんていったりして無茶苦茶ですよね。

松山　先ほど「酒を飲みながら悪口いうのがいちばん楽しい」といいましたが、最近はテレビ見ながら僕に向かって「ヘタな脚本だな」という。これは僕に対するアドバイス。「ああいう本を書くなよ」ということなんです。僕もシャクにさわるから「この役者ヘタだな」といい返してやります。ちょうど玉突きのようにワンクッションおきながらやり合うと、おたがい切磋琢磨している感じになります。

高峰　むずかしいですよね。夫婦生活はねえ（笑）。

松山　もたせるということがむずかしい。
高峰　もうすぐ終わるから（笑）。
松山　むずかしかったらやめる。いちばん簡単なのは別れて別の人と一緒になること。やったことがないのでわかりませんが、昔からいわれているように、やっぱり縁あって一緒になったわけですから、趣味がどっかで一致していれば、なんとなく我慢できるのじゃないでしょうか……。

（『食いしん坊ここだけの話』一九八四年）

編者あとがき

食べることは、生きること

斎藤明美

驚いた、驚いた。料理のレシピではなく、〝食べる〟ことだけについてこれほどたくさんの随筆を書けるとは。

以前、高峰が編者を務めて様々な人が書いた食に関する随筆を一冊にしたことがあるが、本書は「様々な人」ではなく、夫の松山善三との掛け合いが含まれているとはいえ、高峰一人で書いたものだ。しかもここに収録したものがすべてではなく、倍近くあったエッセイを厳選してこの一冊にまとめたのである。

正直、読みながら、「よくもまぁ、これだけ食べ物について書けるものだなぁ」と、半ば呆れ、同時に感服した。

その情熱、意欲、好奇心……。そして本書に登場する高峰の言葉が浮かんだ。

〈私の観察によれば（料理のメニューを選ぶ時）、「なんでもどうでもいい」人は仕事のほうもどうでもいいらしく、すべてのことに情熱が薄いらしい〉

〈私は食べることに情熱のない人は、他のことにも情熱が薄いのではないかと思い

ます〉

なるほど。と、大いに合点がいったのは、次に高峰の半生を思い浮かべたからだ。「やりたいか？ やりたくないか？」とも訊かれず、物心ついた時には俳優になって家族を養っていた。一度も「学校へ行きたいか？」と訊いてももらえず、五歳から働きづめで、学歴は実に小学校を延べ一か月のみ。「疲れたろう」「少し仕事を減らすか？」などという言葉は夢にもかけてもらえず、十数人の親族に搾取され続けた。

女優という仕事を高峰が好きならまだしも、十代初めには「私はこの仕事に向いていない」と強く思い、その後もその気持ちは変わらなかったにもかかわらず、である。

教育の機会と職業選択の自由を奪われた人間は、どうなるのか——。

よくぞ高峰は道を踏み外さず、曲がった人間にならなかったものだと、その半生を考えるたびに思う。

幼い時にはグズることもダダをこねることもなく仕事をし、長じてからは愚痴一つ不満ひとこと言わず、女優を続けた。

で、急に妙なことを思い出した。

私が松山家に招《よ》ばれて頻繁に夕食を食べさせてもらっていた頃だ。ある晩の夕食後、松山は私を送り出すため先に階段を下りて玄関に向かっていた。私は、台所の前にいた高峰に「もう、かあちゃんのことが大好きだから、連れて帰っちゃう」と、その小さな身体を抱き上げた。

するとⅠイヤだ」でも「やめて」でもなく、高峰は私に抱き上げられたまま、黙って左手を伸ばして台所の入り口の桟に細い四本の指をひっかけた。顔は無表情だった。冗談だったとはいえ、私はなおも強引に高峰を連れていこうとした。だが、びくともしなかった。それほど桟にかけた彼女の指の力は強かった。

私はハッとして高峰の身体を降ろした。自分の知らない遥かな歳月の向うにいる彼女を見たような気がしたのだ。「かあちゃん、ごめんよ」、そう言うと、高峰は何も言わず、初めて微笑んだ。

おそらく彼女は、松山と結婚するまで、そうやってきたのだ。何かと言えばつっかかってくる、自分に椅子を投げつけたことさえある養母にも一切抗弁せず、汗水垂らして稼いだ出演料を容赦なく吸い取っていく親族にも文句一つ言わず、黙って女優を続けた。「どうせ辞められないなら、自分に恥ずかしくない仕事をしよう」、それがあの細い指だったのではないか。己の胸にだけ秘めた、強靭な、不本意な境遇に流されまいとする、フック。高峰は人生を投げなかった。

そのフックを外さないように生きるためにどれほどのエネルギーを要したのか、私には想像もできない。

同じような気がする。〈食べることに情熱のない人は、他のことにも情熱が薄いのではないかと思います〉とは逆の、あくなき情熱と意欲がなかったら、高峰の半生は変わっていただろう。

食に対する高峰の想いは、その生き方と同じだったと、今、確信する。学校へ行けないなら自分で勉強する。養母と同じ文盲になっていても仕方がないところを独学で読み書きを覚え、名文家とまで呼ばれるようになり、二十六冊の著作を残した。苦手だと思う女優業で、日本映画界最多の賞を受け、日本映画史に名を刻んだ。その間、微動だにしなかった、あのフック――。

私が知る老齢の高峰は、朝はカフェオレ一杯だけ、夕食は「作ってるとお腹いっぱいになるの」と、ほんの少ししか食べなかった。だが昼はよく食べた。

初めて会った時、銀座のレストランで取材もかねてランチを一緒に食べたのだが、ビーフストロガノフの肉汁とソースが残った皿に、高峰は別の皿にある白いご飯を移して、混ぜて食べた。私は意外に感じた。普通の女優は決してそういう食べ方をしないからだ。どんなに美味しそうだと思ってもお上品に肉汁はそのまま残す。高峰の食べる様子を見て、「この人、率直な人だな」と思った。その通りの人だった。

親しくなってからも高峰と松山が気に入っていたイタリアンで、鳥居坂の国際文化会館で昼食をご馳走になったが、高峰はまさに、モリモリという感じで食べたものだ。

「フライドチキンが好きなの？　じゃ買ってくるよ」と私が言うと、「骨付きよ」と。

そして昼食に、買ってきたフランドチキンを小さな右手で持つや、ムシャムシャ食べた。

山賊か。これ、女優の高峰秀子とは別の生き物だな。私は思った。

だが、別物ではない。高峰はあらゆる意味で野生動物みたいな人だった。食べることでしか命は繋げない、そのことが身に染みている人だった。

一度だけ、今でも忘れられないことがある。

ある午後、高峰が電話をかけてきて、言ったのだ、

「今日はとうちゃんが昼ご飯を打ち合わせの相手と食べるからって。だから昼は一人で即席ラーメン食べたの」

「即席ラーメン？　そんなものうちに置いてあったの？」

私は驚いて訊いた。

「持ってるよ（松山と高峰はこういう時「ある」ではなく「持っている」という言い方をした）。それで丼に移すのが面倒だったから、片手鍋から直接食べてたら、唇、火傷しそうになっちゃった」

私は飛び上がるほど驚いて、

「かあちゃんがそんなことするの？」

高峰はこともなげに応えた、

「するよ。とうちゃんがいるから器にも気を使うけど、もしとうちゃんがいなくて一人だったら、私は紙の皿とコップで済ましてると思う。私は本来ものぐさだからね」

そしてちょっと笑った。

そうなのか？　あの美しい食卓は松山のためか？　自分一人なら即席ラーメンを片手鍋から直にか？

高峰の美学とは違うじゃないか。

だが私はガッカリはしなかった。むしろ感動した。それほど松山のことが大事なのだ。「もうフックを緩めてもいいんだよ」と思わせてくれた人、人生で初めて息継ぎをさせてくれた人だった。人前では決して見せない我儘や甘えを松山の前でだけは見せた、その可愛らしさと同じではないか。

いつか高峰に言われたことがある。

「食べる時は一所懸命食べるのがいいよ」

一所懸命、生きよ、と。

まもなく生誕一〇〇年を迎える母・高峰秀子に捧ぐ

令和五年元旦

◉出典一覧―――

「食」「食いしん坊夫婦ろん」「うちのお正月」「タクアンの思い出」「夜中の一パイ」「香港只是一個算盤」（『瓶の中』文化出版局、1972.11／河出書房新社、2014.4）
「ウー、うまい」（『にんげんのおへそ』文春文庫、2015.1）
「二人でお茶を」「病人食」「おべんとうの記憶」「現代おむすび考」「豚足」「おせち料理の郷愁」「世界食べある記」「香港の衣食住」「蛇料理」「私の食堂」（『ダンナの骨壺』河出書房新社、2017.11）
「お宅独特のおかずを一品教えてください！」「鶏のミンチ団子鍋」（高峰秀子編『わがやのおかず』光文社、1983.5）
「食べさせてもらう……」（『コーちゃんと真夜中のブランデー』河出書房新社、2017.3）
「わが家とっておきの酒の肴」（I LOVE COOKING シリーズ『かんたん・酒の肴 1000』主婦の友社、1985.12）
「五十九歳・結婚二十九年の夫婦円満、料理の秘訣」（『類型的なものは好きじゃないんですよ』河出書房新社、2019.3）
「ミルク・卵・チーズ」（『まいまいつぶろ』河出文庫、2015.4）
「ジャバっとかけてハフハフ食べるバラコ飯」（『高峰秀子〈増補新版〉没後 10年』河出書房新社、2020.6）
「キンピラゴボウ」（『コットンが好き』文春文庫、2003.1）
「サラダはいかが」「私の大好物」「こだわることは、素敵」「谷崎潤一郎」「フロマージュ」（『あぁ、くたびれた。』河出書房新社、2018.7）
「パリで恋う日本の味」「台所のオーケストラ」「純広東料理 翠園酒家」「銀座のお気に入り」（『高峰秀子の反骨』河出書房新社、2020.4）
「ハンバーガーだけがアメリカでない〈島のお薦め料理〉」（『旅は道づれアロハ・ハワイ』中公文庫、1993.6）
「チャイ・ハナでシシカバブを食べる」（『旅は道づれガンダーラ』中公文庫、1992.10）
「絶品！　成人寸前の鳩ポッポ料理とアリーのお父さん」（『旅は道づれツタンカーメン』中公文庫、1994.1）
「二週間食べ続けた洋食」（斎藤明美編『高峰秀子 夫婦の流儀』新潮社、2012.11）
「その名もみやびな「摘草料理」」（『旅は道づれ雪月花』中公文庫、2012.3）
「あなた食べます」（『にんげん住所録』文春文庫、2005.7）
「旅は道づれ、二人は食いしん坊」（大宅映子編『食いしん坊ここだけの話』講談社、1984.1）

ウー、うまい！

二〇二三年 三 月二〇日 初版発行
二〇二四年 二 月二八日 2刷発行

著 者 高峰秀子《たかみねひでこ》
発行者 小野寺優
発行所 株式会社河出書房新社
〒一五一-〇〇五一
東京都渋谷区千駄ヶ谷二-三二-二
電話〇三-三四〇四-八六一一（編集）
〇三-三四〇四-一二〇一（営業）
https://www.kawade.co.jp/

ロゴ・表紙デザイン 粟津潔
本文フォーマット 佐々木暁
本文組版 株式会社ステラ
印刷・製本 ＴＯＰＰＡＮ株式会社

Printed in Japan ISBN978-4-309-41950-3

まいまいつぶろ

高峰秀子 41361-7

松竹蒲田に子役で入社、オカッパ頭で男役もこなした将来の名優は、何を思い役者人生を送ったか。生涯の傑作「浮雲」に到る、心の内を綴る半生記。

巴里ひとりある記

高峰秀子 41376-1

1951年、27歳、高峰秀子は突然パリに旅立った。女優から解放され、パリでひとり暮らし、自己を見つめる、エッセイスト誕生を告げる第一作の初文庫化。

にんげん蚤の市

高峰秀子 41592-5

エーゲ海十日間船の旅に同乗した女性は、ブロンズの青年像をもう一度みたい、それだけで大枚をはたいて参加された。惚れたが悪いか——自分だけの、大切なものへの愛に貫かれた人間観察エッセイ。

バタをひとさじ、玉子を3コ

石井好子 41295-5

よく食べよう、よく生きよう——元祖料理エッセイ『巴里の空の下オムレツのにおいは流れる』著者の単行本未収録作を中心とした食エッセイ集。50年代パリ仕込みのエレガンス溢れる、食いしん坊必読の一冊。

季節のうた

佐藤雅子 41291-7

「アカシアの花のおもてなし」「ぶどうのトルテ」「わが家の年こし」……家族への愛情に溢れた料理と心づくしの家事万端で、昭和の女性たちの憧れだった著者が四季折々を描いた食のエッセイ。

おなかがすく話

小林カツ代 41350-1

著者が若き日に綴った、レシピ研究、買物癖、外食とのつきあい方、移り変わる食材との対話——。食への好奇心がみずみずしくきらめく、抱腹絶倒のエッセイ四十九篇に、後日談とレシピをあらたに収録。